UM OTIMISTA NA AMÉRICA

Obras do autor publicadas pela Companhia das Letras

Os amores difíceis
Assunto encerrado
O barão nas árvores
O caminho de San Giovanni
O castelo dos destinos cruzados
O cavaleiro inexistente
As cidades invisíveis
Coleção de areia
Contos fantásticos do século XIX (org.)
As cosmicômicas
O dia de um escrutinador
Eremita em Paris
A entrada na guerra
A especulação imobiliária
Fábulas italianas
Um general na biblioteca
Marcovaldo ou As estações na cidade
Mundo escrito e mundo não escrito — Artigos, conferências e entrevistas
Os nossos antepassados
Um otimista na América — 1959-1960
Palomar
Perde quem fica zangado primeiro (infantil)
Por que ler os clássicos
Se um viajante numa noite de inverno
Seis propostas para o próximo milênio — Lições americanas
Sob o sol-jaguar
Todas as cosmicômicas
A trilha dos ninhos de aranha
O visconde partido ao meio

ITALO CALVINO

UM OTIMISTA NA AMÉRICA
1959-1960

Tradução:
FEDERICO CAROTTI

COMPANHIA DAS LETRAS

Copyright © 2002 by Espólio de Italo Calvino

Grafia atualizada segundo o Acordo Ortográfico da Língua Portuguesa de 1990, que entrou em vigor no Brasil em 2009.

Título original
Un ottimista in America

Capa
Raul Loureiro

Preparação
Maria Emília Bender

Revisão
Carmen T. S. Costa
Julian F. Guimarães

Dados Internacionais de Catalogação na Publicação (CIP)
(Câmara Brasileira do Livro, SP, Brasil)

Calvino, Italo, 1923-1985.
   Um otimista na América : 1959-1960 / Italo Calvino ; tradução Federico Carotti. — 1ª ed. — São Paulo : Companhia das Letras, 2023.

   Título original: Un ottimista in America.
   ISBN 978-65-5921-520-1

   1. Memória 2. Viagem – Narrativas pessoais I. Título.

23-143987   CDD-910.4

Índice para catálogo sistemático:
1. Viagens : Narrativa pessoais   910.4
Eliete Marques da Silva – Bibliotecária – CRB-8/9380

Todos os direitos desta edição reservados à
EDITORA SCHWARCZ S.A.
Rua Bandeira Paulista, 702, cj. 32
04532-002 — São Paulo — SP
Telefone (11) 3707-3500
www.companhiadasletras.com.br
www.blogdacompanhia.com.br
facebook.com/companhiadasletras
instagram.com/companhiadasletras
twitter.com/cialetras

UM OTIMISTA NA AMÉRICA

NOTA

Entre novembro de 1959 e maio de 1960, Italo Calvino fez sua primeira viagem longa aos Estados Unidos, a qual, por várias razões, pode ser definida como "iniciática". Morou sobretudo em Nova York, sua cidade preferida, que o absorveu "como uma planta carnívora absorve uma mosca". Visitou vários estados e centros urbanos — Cleveland, Detroit, Chicago ("a verdadeira cidade americana, produtiva, material, brutal"), São Francisco, Los Angeles, Montgomery, New Orleans, Savannah ("a cidade mais bonita dos Estados Unidos"), Las Vegas, Houston —, e encontrou não só escritores, editores, agentes literários, mas também empresários, sindicalistas, ativistas dos direitos civis (o maior de todos, Martin Luther King), pessoas comuns.

Ao regressar à Itália, reelaborou e concluiu suas anotações do diário e também a correspondência pública e privada dessa viagem que tanto o entusiasmara e enriquecera. Tinha a intenção de transformá-las num livro "como *As viagens de Gulliver*. Aventuras e sobretudo desventuras decerto não me faltaram".

Em agosto de 1960, em resposta a Carlo Bo, que lhe perguntara os prós e os contras daquela jornada, Calvino disse:

> Ao viajar para os Estados Unidos, e mesmo durante minha estada, jurei que nunca escreveria um livro sobre a América (já há

tantos!). Mas agora mudei de ideia. Os livros de viagem consistem numa modalidade útil, modesta, mas mesmo assim cabal de literatura. São livros de utilidade prática, ainda que ou precisamente porque os países mudam de ano para ano e, ao registrá-los como foram vistos, captura-se sua essência mutável; e pode-se expressar alguma coisa que vai além da descrição dos lugares vistos, uma relação entre quem escreve e a realidade, um processo de conhecimento.

Mas me convenci disso tudo há pouco tempo: até ontem, pelo contrário, acreditava que a viagem poderia ter certa influência apenas no cerne de meu trabalho. Isso porque tive como mestre Pavese, notório inimigo do viajar. A poesia nasce de um germe que trazemos dentro de nós por anos, talvez desde sempre, era mais ou menos isso que ele dizia; para essa maturação tão lenta e secreta, que importa ter passado alguns dias ou semanas aqui ou acolá? Viajar é, sem dúvida, uma experiência de vida, que pode amadurecer e transformar alguma coisa em nós, como qualquer outra experiência, eu pensava, e uma viagem pode servir para escrever melhor porque a pessoa entendeu algo mais da vida; ela visita a Índia, por exemplo, e ao voltar para casa escreverá melhor, quem sabe, as memórias de seu primeiro dia na escola. Em todo caso, sempre gostei de viajar, literatura à parte. E foi assim que empreendi minha recente viagem americana: porque os Estados Unidos me interessavam em si e não, sei lá, por alguma "peregrinação literária" ou porque eu quisesse "ter alguma inspiração".

Lá, porém, fui tomado por uma vontade de conhecer e me apropriar por inteiro de uma realidade multiforme, complexa e "diferente de mim", como nunca havia experimentado antes. Uma sensação parecida com o enamoramento. Os enamorados, como se sabe, passam muito tempo brigando, e, agora que voltei, de vez em quando eu também me pego brigando com os Estados Unidos, mas de todo modo continuo lá, devoro ávido e ciumento tudo o que ouço ou leio sobre aquele país que julgo ser o único a entender [...].

Aspectos negativos das viagens? Como se sabe, viajar é distrair-se daquele horizonte de objetos determinados que compõem nosso mundo poético, dispersar aquela concentração absorta e um tanto obsessiva que é condição (uma das) para a criação literária. Mas, no fundo, embora nos disperse, que importância tem? Do ponto de vista humano, é melhor viajar do que ficar em casa. Primeiro viver, depois filosofar e escrever. Os escritores, antes de mais nada, se relacionam com o mundo para a aquisição de verdade. Algo que vai se refletir na página, essa coisa qualquer será a literatura de nosso tempo, não de outro.

Depois, em março de 1961 (como ele escreveu a Luca Baranelli numa carta de janeiro de 1985), quando já corrigira a segunda prova e escolhera o título — *Um otimista na América* —, Calvino decidiu "não publicar o livro porque, relendo as provas, ele me pareceu modesto demais como obra literária e não suficientemente original como reportagem jornalística. Fiz bem? Não sei! De todo modo, se fosse então publicado, o livro seria um documento da época e de uma fase de meu itinerário, como observara Raniero [Panzieri]".

*

Entre as cartas de Italo Calvino, encontra-se uma série de segundas provas corrigidas desse livro nunca publicado; a série não tem título e soma ao todo 180 páginas, com numerosas intervenções manuscritas do autor (correções, acréscimos, cortes, deslocamento de linhas tipográficas). Faltam as páginas 121 e 145-8, que foram recuperadas de um conjunto anterior de primeiras provas com um total de 129 colunas.

As citações de Calvino referidas acima foram extraídas de: carta a Paolo Spriano de 24 de dezembro de 1959, em *Lettere 1940-1985*, org. Luca Baranelli, Mondadori, Milão, 2000, p. 628; *Calvino alarma quatro città*, *L'Espresso*, vi. 24, 12 de junho de 1960, p. 25; Carlo Bo, *Il comunista dimezzato. A colloquio com Italo Calvino, dieci anni dopo Pavese*, *L'Europeo*, xvi, 35,

■ *ITALO CALVINO*

28 de agosto de 1960, pp. 64-5 (depois em *Saggi*, org. Mario Barenghi, Mondadori, Milão, 1995, pp. 2724-32); carta a Luca Baranelli de 24 de janeiro de 1985, in *Lettere 1940-1985*, cit., pp. 1530-1.

Além do *Diario americano 1959-1960*, publicado postumamente em *Eremita a Parigi. Pagine autobiografiche* [Eremita em Paris — páginas autobiográficas], Mondadori, Milão, 1994, pp. 26-138, os artigos sobre sua viagem aos Estados Unidos de 1959-60, que Calvino publicou em periódicos e revistas entre 1960 e 1962 — *Cartoline dall'America; Quaderno americano; I classici al Motel; Diario dell'ultimo venuto; Diario americano 1960* —, foram reunidos em *Saggi*, cit., pp. 2499-679.

O editor agradece a colaboração de Luca Baranelli e Didi Magnaldi.

UM OTIMISTA NA AMÉRICA
1959-1960

AMÉRICA À PRIMEIRA VISTA

Estava arrependido por não ter tomado um avião. Teria chegado a Nova York impelido pelo ritmo de negócios importantes, da alta política, dos personagens sorridentes das telefotos: o jeito certo de ir aos Estados Unidos de hoje. No entanto, fui convencido a viajar de navio — "Nem se compara! É tão bonito!" —, o transatlântico americano mais moderno que saía de Le Havre. E então eu já desembarcava oprimido pela sombra de outra América: uma América de tédio provinciano, de casais velhos e entediados, de bem-estar apático, de escassez de recursos vitais anímicos.

O navio é um meio de transporte anacrônico, povoado, como as estações de águas termais, de velhos que passam as noites jogando bingo, uma espécie de tômbola, ou apostando em corridas de cavalos filmadas.

No convés, em meio a uma bruma pálida, encapotado, ao amanhecer do quinto dia eu esticava o pescoço da gola levantada para enxergar Nova York. Ali estava ela, no horizonte a clarear, entre as luzes de uma costa espraiada, qual uma montanha tomando forma. E de repente tudo se encaixou, não era possível chegar de outra maneira. A viagem, o diferente, só tem sentido se a chegada nos custar alguma coisa:

e a nós, privilegiados e nervosos, custa apenas um pouco de impaciência.

Despontando no céu que mal acaba de clarear, os arranha-céus são as ruínas de uma Nova York monstruosa e abandonada daqui a três mil anos. Não: é uma massa porosa e quase diáfana, filtrando luzes. Parecem luzes esquecidas (na fuga, pelos últimos habitantes?), e de fato agora se apagam, primeiro aqui e ali, depois como que todas juntas: é dia.

As cores afloram devagar nas formas maciças e plúmbeas, e são cores totalmente distintas daquelas que nossa memória fotográfica previa, e nos perdemos num desenho de volumes e formas cada vez mais complicado, minucioso, labiríntico. Tudo permanece silencioso e deserto, e de repente: os carros! mais adiante corriam sabe-se lá havia quanto tempo, como uma corrente de formigas luminosas, e não tínhamos percebido.

TOTEM E PISCA-PISCAS

O fluxo de automóveis escorre pelas ruas e nos primeiros dias impressiona o olhar do europeu na América sobretudo por aqueles carros, todos eles tão compridos, compridíssimos, às vezes absurdamente compridos e largos.

Mas depois de alguns dias essa vassalagem às dimensões cessa, tudo parece natural, integrado à escala geral das grandezas americanas. E então o olhar do europeu — enquanto avança em meio à corrente do tráfego — começa a ser atraído pela variedade de formas das traseiras dos carros.

Observo as diversas formas das lanternas traseiras: cada uma desperta referências e sugestões, desde as mais óbvias (enormes projetores redondos que lembram as perseguições entre polícia e bandidos, como vemos no cinema) até as mais recônditas; não há pisca-pisca sobre o qual não se possa fazer um estudo de interpretação simbólica, no quadro da mitologia americana: pisca-piscas em formato de barbatana — homenagem às origens, ao mundo dos baleeiros de *Moby Dick* —, em formato de flecha — homenagem aos índios do faroeste —, em formato de arranha-céu — homenagem à prosperidade da era americana —, ou mesmo em formato de míssil, de foguete — homenagem votiva à conquista do espaço e do futuro incerto.

E, é claro, visto que estamos no país da psicanálise, muitos pisca-piscas pedem para ser interpretados de acordo com essa chave simbólica: os símbolos masculinos são os mais numerosos, mas proliferam também os femininos, a sancionar a pacífica aceitação do matriarcado.

Há a traseira baixa e larga de certos carros que se arredonda na parte de cima como uma sobrancelha fina e arqueada e, embaixo, as lanternas são dois enormes olhos de diva, amendoados, dardejantes, hollywoodianos.

Procurando vaga num estacionamento lotado — com a dificuldade que um ex-motorista de utilitários italianos enfrenta ao lidar com um carro americano comprido demais —, meu olhar é capturado como se estivesse num museu de totens, desnorteado entre tantas sugestões ideológicas, culturais e alegórico-existenciais, e quase já acredito que os automóveis servem apenas como tabernáculo daqueles objetos mágicos, aliás, não consistem senão neles, e são feitos inteiramente de cristal: e assim, numa operação de marcha a ré consciente e atenta até demais — debatendo-me entre um tremor religioso e um instinto iconoclasta —, calculo mal a esterçada e acabo, num esboroar de vidros quebrados, "dando uma chapoletada".

A CIDADE DOS CHOQUES ELÉTRICOS

Primeiras definições de Nova York: é uma cidade elétrica, impregnada de eletricidade, onde a pessoa é tomada por uma corrente a cada passo, e leva um choque em qualquer lugar onde ponha a mão. Descendo de um automóvel, ao segurar o trinco para fechar a porta, ela tem um sobressalto: um choque elétrico. Em casa, não pode encostar na maçaneta da porta, num parapeito, numa torneira, num interruptor, sem que o braço recue num movimento brusco, percorrido por uma descarga. Basta uma corrida de táxi, basta sair do frio das ruas e entrar no calor excessivo das casas, basta atravessar um aposento arrastando as pantufas no tapete, e estamos carregados como uma bateria. Meus reflexos condicionados já ficam alerta e minha mão hesita antes de roçar os objetos mais inocentes. Temo e aguardo o choque; se não vem, me decepciono, agora preciso dele, eu o desejo. Às vezes até um aperto de mão, uma carícia solta faíscas. Uma carga elétrica passa das coisas para o ritmo dos dias, para os sentimentos, para as relações. Será uma energia verdadeira, ou um absoluto empobrecimento de tensão que nos torna mais sensíveis à energia que emana das coisas?

Finda a era heroica das grandes aventuras individuais e coletivas, a consciência americana hoje esmorece por falta de tensão, de finalidade, por causa de um bem-estar que — alcançado ou por alcançar — configura-se como um ramerrão desprovido de pulso. Mas a tensão ainda se desprende das coisas, do processo econômico, da febre produtiva que vive para além das vontades humanas. O mundo das coisas está acordado, insone, animado por certa racionalidade implícita, enquanto o mundo dos homens às vezes parece um sonolento movimento de autômatos.

Procuro o segredo dessa disjunção, o ponto onde a energia humana deveria se inserir na energia das coisas, e não o encontro, e esfrego as pontas dos dedos espicaçados pelo chuvisco elétrico de Manhattan.

A AGENDA DAS MOÇAS

Que os Estados Unidos não são mais o país da aventura, eu sabia; mas que os dias nova-iorquinos parecem querer eliminar de qualquer maneira toda possibilidade de imprevisto, por essa eu não esperava. As semanas são sempre previamente organizadas, a vida é regida pela *schedule*, pelo planejamento, pela agenda; é preciso marcar com vinte dias de antecedência os compromissos profissionais, com quem você vai almoçar, o coquetel para o qual foi convidado, quem você convidou para jantar, as noitadas regadas a *scotch*. Se quiser ir à Broadway, é preciso fazer uma reserva três, quatro ou cinco meses antes. As moças em Nova York também trabalham o dia inteiro, e todas as noites saem com algum rapaz. Se quiser marcar um encontro com uma delas, você precisa convidá-la com pelo menos umas duas semanas de antecedência; a jovem consulta a agenda dela, você a sua, combinam uma data, anotam o nome.

"Assim, no começo, cada noite eu saía com uma moça diferente", diz Giovanni B., que, como italiano, gosta muito de mulheres. "Certa noite, uma delas me interessou mais do que as outras; eu queria revê-la logo, mas ela já tinha compromisso para todas as noites das duas semanas seguintes, e eu também. Tivemos de adiar nosso segundo encontro por quinze dias; achei que fosse morrer de tanto esperar. Quando enfim nos encontramos pela segunda vez, já não foi tão legal; eu não conseguia tirar da cabeça outra moça com quem havia saído naquele meio-tempo e iria rever dali a duas semanas; com ela, aconteceu a mesma coisa com outro rapaz. Assim, ao longo de meses continuei a perseguir moças a intervalos separados por uma longa lista de compromissos agendados semanas antes, apaixonando-me por elas e esquecendo-as antes de vê-las uma segunda vez. Estava à beira do desespero."

"E aí?"

"O feitiço se rompeu com Muriel: começamos a sair *steadily*, isto é, todas as noites, casal fixo".

"Então, está feliz?"

"Que nada. Agora estou de pés e mãos amarradas. Todas as noites com ela. Me diga: isso é vida?"

A AMÉRICA NÃO É AMERICANIZADA?

A primeira impressão do viajante em Nova York é que a América não é nada americanizada, somos mais americanizados do que eles. Para começar, não é possível conhecer nenhum nova-iorquino que tenha automóvel (pois ele não saberia onde estacionar; assim, todos preferem usar táxi). Nos escritórios (empresas privadas ou repartições públicas), o europeu que espera encontrar a rigorosa eficiência do *organization man* tem só a impressão de encontrar um atendimento cordial, uma boa vontade familiar. E a gente tem a impressão de que os jovens não se vestem de forma americana como em nosso país e que não sabem o que é aquele bilharzinho elétrico que chamamos de fliperama. (Aqui ele se chama *pinball--machine*, mas, para encontrar algum, é preciso ir a um determinado local na Times Square.) E assim por diante; não por último, tem-se a impressão de que é o único lugar do universo onde a Coca-Cola não se impôs.

Ao mesmo tempo, você percebe que justamente tudo isso que você vê é que é a América, mais América do que a América que agora também existe em nosso país. Nossa americanização não passa da imagem do contraste entre um nível tecnológico--produtivo-distributivo mais avançado, alcançado por parte da humanidade, e um nível tradicional imóvel, do qual outra parte da humanidade tem dificuldade cada vez maior de abandonar. Aqui, porém, o velho e o novo são ramos da mesma planta: o organismo acumula e transforma suas contradições num processo de crescimento contínuo e quase animal.

A CAVALO PELAS RUAS DE NOVA YORK

Entendi como dominar Nova York: basta se deslocar a cavalo. Nos primeiros dias, eu não sabia. Queria alugar ou comprar um automóvel usado, daqueles rabo de peixe, só para me sentir inserido na vida americana; fui desaconselhado por todos, porém — ter carro em Nova York é uma opção errada, um estorvo: se por milagre você encontrar vaga à noite na frente de casa, de manhã cedo terá de descer para estacionar o carro do outro lado da rua, porque o tempo permitido venceu: os nova-iorquinos autênticos andam de táxi. Tudo bem, mas isso não resolvia meu problema.

Agora, finalmente entendi qual é a primeira coisa que um estrangeiro deve fazer em Nova York: alugar um cavalo. Além disso, é o jeito certo de se aproximar da América, a abordagem histórica, pois a partir do cavalo poderei seguir a evolução dos meios de transporte que caracterizaram a história americana e, se for o caso, chegar ao Cadillac.

O problema é que esta é a primeira vez que monto. Para chegar ao Central Park, pois os estábulos ficam um pouco longe, no West Side (um dos poucos sobreviventes dos vários estábulos que existiam aqui ao redor), preciso cavalgar por uma rua cheia de trânsito e atravessar duas *avenues*.

Do alto da sela, domino os capôs dos automóveis, obrigados a diminuir a velocidade atrás do passo do cavalo, prudente no asfalto. Desprovidos de senso épico, os moleques que brincam nas calçadas zombam de mim.

No Central Park, o solo firme é um pouco barrento; pelos gramados correm os inevitáveis esquilos; ao redor, no ar maravilhosamente sereno, erguem-se os arranha-céus; cavalgo aos saltos, tentando em vão acertar o ritmo do trote; a amazona que me acompanha, leve em sua sela, grita instruções técnicas que não compreendo; meu cavalo chafurda nos pântanos ou se enfia sob ramagens baixas nas quais me enrosco; a estria branca de uma turbina se perde sobre os arranha-céus cinzentos que se esvanecem *downtown*, e esta cidade, que sempre foi dos últimos que aqui chegam, a partir de hoje é minha.

A INSERÇÃO

Mas Nova York não é a América: essa é a primeira coisa que nos dizem ao chegarmos. E o que é Nova York, então? Europa? Também não: é um continente em si, tanto quanto as duas Américas, a Europa, a Ásia, a África e a Austrália. Antes de mais nada, Nova York é um ritmo, uma concentração extrema de movimento tanto no espaço como no tempo, a sensação de uma atividade absoluta. Atividade, sem dúvida, mas para fazer o quê? Não se pode dizer que Manhattan (é de Manhattan que falo quando digo Nova York; quase nunca saio da ilha) seja uma cidade industrial. Além da indústria de confecções, há a indústria gráfica: livros, jornais. (Além, é claro, do setor portuário.) Mas toda a indústria americana tem aqui seu centro de gravidade, com as finanças, os bancos, a Bolsa de Valores; com a diretoria dos escritórios de vendas; os serviços publicitários e de *public relations*; com as fundações culturais que absorvem o dinheiro que, de outra maneira, iria para o fisco.

Manhattan é o cérebro do mundo industrial, separado do corpo. Uma leve suspeita de nos movermos num mundo completamente abstrato paira no clima produtivista febril de Nova York, nos arranha-céus de aço e vidro de linhas perfeitas na Madison Avenue. Estaremos numa astronave? Será uma cidade ou um organismo artificial, um universo-escritório suspenso no vazio?

Nada disso: por acaso não sabemos que o mundo de amanhã será todo ele assim? As fábricas inteiramente operadas por autômatos, por aparelhos eletrônicos, loucamente produtivas, e todos nós empenhados, de manhã até a noite, em conceber novos usos para aquelas máquinas que não podem parar; se os cérebros eletrônicos ou os humanos pararem de funcionar por um instante, será o desastre.

Assim, aqui estou eu e quero viver esse ritmo. Mas como, se o mundo da grande indústria me convidou (indiretamente:

por intermédio da providencial, jamais suficientemente louvada *foundation*) sob a rubrica de "escritor"? Imagine só se vim a Nova York para levar uma vida de escritor! Escrever, no fundo, é um ofício igual em qualquer lugar. E aqui, além disso, contam-se os escritores às dezenas de milhares, como os poetas no sul da Itália, com a diferença de que na América se escreve por profissão, isto é, de uma maneira ou outra, vive-se disso. (Não estou dizendo que seja uma coisa boa; vocês entenderam, espero.)

Portanto, como Nova York oferece a possibilidade de escolha entre dois tipos de vida, de escritor e de homem de negócios, opto pelo segundo. Sou ou não um *manager* de uma importante editora italiana? Vou fingir que estou em viagem de negócios. Num instante minhas semanas ficam cheias de compromissos, reuniões, visitas, encontros: vivo correndo, de uma empresa a outra, de um agente a outro, e a notícia de minhas visitas já se espalhou entre os diretores das editoras concorrentes: "Ele foi te visitar? Amanhã ele vem aqui"; "Comprou? Vendeu?"; meus almoços agora são apenas de negócios (*business-lunches*), meus *cocktail-parties* são *business-parties*, e já invejo aqueles que, mais inseridos no sistema do que eu, conseguem ter *business-breakfasts* às sete e meia da manhã.

Mas meus negócios são etéreos, impalpáveis, inapreensíveis; talvez consiga escapar ao clássico fim dos *businessmen*, o enfarte. Que tipo de mercadoria vim procurar? O sabor das horas de Manhattan, as horas do *manager*, da onipotente secretária, da telefonista que chupa bala, do negro do elevador, o baque da correspondência postada no tubo vertical do vigésimo andar; tudo isso. A mercadoria que negocio são imagens, matérias-primas para reflexões: estoco imagens da América, tento oferecer imagens da Europa.

Haveria, porém, alguma diferença entre mim e eles, que trabalham a sério? Não é isso que todos nós queremos, essa sensação de participar do mecanismo, de nos sentirmos inseridos, e todo o resto, os produtos, o dinheiro, não passa de mero pretexto?

No almoço, ao meio-dia em ponto, nós *businessmen* preferimos certos restaurantes na penumbra, com luzes atenuadas por abajures rosados ou azuis sobre as mesas, os ruídos abafados por cortinas e tapetes. Essa luz de aquário nos acalma e podemos começar nossa jornada alcoólica com os martínis, entabular negociações com gestos lentos, como os movimentos de peixes no aquário, e as palavras se formam em nossos lábios e se desprendem, vazias, intercambiáveis, como bolhinhas de ar...

O VILLAGER

Talvez eu não devesse morar no Greenwich Village. É tão pouco Nova York, e justamente por ser o coração da velha Nova York, da Downtown onde as ruas não são numeradas, mas ainda têm nomes como antigamente, e não seguem o traçado simétrico em grade, mas compõem um tecido denso e irregular. O Village quer "ser Paris", Rive Gauche, mas no fundo é uma semelhança involuntária que, desde que foi percebida, faz de tudo para parecer voluntária. Talvez se pareça mais com o Soho, mesmo porque os "nativos" do Village são italianos, famílias do Sul da Itália estabelecidas aqui há cinquenta anos ou mais, a extremidade de uma cabeça de ponte rumo ao norte do grande aglomerado italiano de Downtown que, mais abaixo, faz divisa com os densos bairros judeus e chega até a cidade chinesa, enquanto no East Side avança mais para o norte, rodeando a ilha dos russos e poloneses e depois se perdendo em suas ramificações finais entre os territórios dos gregos e dos armênios.

Agora muitos italianos do Village, não mais pobres, têm casas de campo, mas continuam radicados no antigo bairro, para tocar as lojas e restaurantes. Com o estrato social posterior de habitantes do Village da boemia intelectual (a invasão dos artistas começou nos anos 1910, atraídos pelos aluguéis baratos), a convivência nem sempre é fácil. É verdade que agora a boemia juvenil do Village se identifica majoritariamente com os beatniks, que parecem pouco asseados e meio esquivos, o que não os habilita a serem considerados bons vizinhos; no entanto, é nessa atmosfera beat que os aborígenes italianos hoje sobrevivem e cuidam de seus negócios. De fato, o folclore intelectual do Village (versos beat declamados ao som de jazz, mas também o mero espetáculo das figuras que transitam pelas ruas ou se encontram no café Reggio) se converteu numa atração para os próprios nova-iorquinos e alimenta um fluxo de turismo interno urbano pelas ruas italianas como Mac-Dougal Street e Bleecker Street. Mas não se pode dizer que chegou a nascer uma aliança: os rapazes sicilianos, embora americanizados há três ou quatro gerações, têm ideias próprias a respeito do relacionamento com as mulheres e uma rebeldia provinciana frente a costumes estranhos. São frequentes as rixas entre sicilianos e beatniks, a polícia intervém com prisões em massa e os turistas dominicais voltam assustados para a Uptown.

Pouco resta do estrato social anterior a todos eles, o ambiente senhorial oitocentista da Washington Square dos tempos de Henry James, do qual sobreviveram as abastadas e discretas construções em pedra vermelho-escura (*brownstones*), com seus pórticos neoclássicos, erguendo-se acima da escadinha que sobe do subsolo.

Outra camada abastada e bem-pensante, de perfil diferente, agora se assenta no Village: os moradores dos enormes edifícios modernos que continuam a crescer. Pois a especulação imobiliária ameaça o bairro: as casas antigas são demolidas e, no lugar delas, surgem maciços arranha-céus residenciais em ferro e vidro.

Ontem, numa esquina da Sixth Avenue, uma moça que parecia uma estudante ativista pedia aos transeuntes que assinassem a enésima petição para salvar o Village, para preser-

■ *ITALO CALVINO*

var suas características contra a invasão dos especuladores. Assinei. Nós, do Village, somos muito apegados ao bairro. Não estou brincando. Há tanta artificialidade no Village que chega a me dar nos nervos, mas mesmo assim sou um *villager*, toda semana leio o *Village Voice* com os quadrinhos de Pfeiffer, não poderia viver em outro lugar, cada trecho de rua que demolem, cada prédio que cresce (e aqui constroem rápido, de uma semana para outra), me dói como se fosse em minha casa na Riviera. Morar no Village não é fácil. Os hotéis que custam até seis dólares por dia são sujos, decadentes, malcheirosos, empoeirados, e corre que Jackson Pollock morou em cada um deles por alguns meses; agora, para mim, o grito de desespero de seus quadros está associado à lembrança de meu primeiro quarto de hotel nova-iorquino, a escadinha de ferro imunda e enferrujada diante da janela, dando para um beco onde nunca bate sol.

Depois, por sete dólares a diária, entrei num acordo com um hotel velho, senhorial e espaçoso, no começo da Fifth Avenue, onde um dia se hospedou Mark Twain, e hoje recebe sobretudo senhoras de idade. Aqui, ocupo uma posição de destaque hegemônico em relação ao Village, como um residente da linhagem mais antiga, que conhece toda a história do bairro, lamenta todos os danos causados pelo tempo, mas também os sente como continuação de sua própria história.

E assim é, de fato. "Vocês não sabiam", digo aos amigos da Uptown que, talvez nascidos e crescidos apenas alguns quilômetros adiante, não sabem nada de nada, "não sabiam que tudo aqui em volta era a *farm* de um certo Randall, que a deixou em testamento como hospital para os velhos marinheiros? E que o hospital jamais conseguiu funcionar porque os marinheiros ficavam internados durante a semana, mas na hora do ofício religioso na igreja fugiam para os bares do porto? E que o hospital continua existindo nominalmente e é uma empresa imobiliária que ainda é dona de muitas casas ao redor?". Histórias que ouvi algumas noites atrás de alguns inquilinos de uma casa antiga, e que imediatamente passaram a fazer parte de minha bagagem histórica, ou que encontrei num dos inúmeros livros sobre o bairro. "E sabem por que a Broadway a partir da rua 10 para baixo é torta? É que ali ficava o sítio do velho Brevoort, que resistiu a tiros contra o pessoal de pavimentação das ruas, pois queriam cortar sua árvore favorita, um olmo, e o velho tanto fez que levou a melhor, e esse trecho da Broadway ficou com o traçado torto para salvar o olmo do *farmer*..."

O importante, assim que chegamos a algum lugar, é sentir um passado na retaguarda, talvez controverso, anedótico e lendário, mas mesmo assim um passado. Vir para a América significa deixar para trás a história europeia, que não está em curso por aqui, e o historicismo europeu, que aqui não se sabe o que seja; prontamente, em troca, ganha-se essa mania de salvar — em meio a uma realidade que se transforma de ano em ano, onde a paisagem, as casas, a raça e a classe das pessoas, tudo é efêmero — restos de lembranças transmitidas, o pathos de frágeis memórias, a sugestão de um espírito local.

Foi por isso que me tornei um *villager*. Não por escolha: nos Estados Unidos, ninguém escolhe um lugar ou outro: a gente chega por acaso e imediatamente se apropria do lugar. E não por ser o bairro dos intelectuais, mas porque, voltando para cá todas as noites, sinto-me plenamente "inserido": de um lado a vida industrial febril; de outro, a "devoção" ao passado, a nostalgia da velha América. São dois aspectos complementares, um não pode existir sem o outro.

Além disso, gosto de servir de guia de Nova York aos nova-iorquinos: o único modo de não se sentir turista é considerar os moradores como turistas. E há lugar melhor para isso do que o Village? "Mas como, vocês não sabiam que ali, virando a esquina, fica Patchin Place, um pátio que continua intacto desde a época que tinha as cocheiras? Não conhecem a casa mais antiga de Nova York, em Bedford Street? Ali ficavam os escravos, aqui ao redor era campo. Mas como, nunca viram atrás desse muro o velho cemitério dos judeus portugueses? Não viram os lampiões de gás em MacDougal Alley? E naquela casa morava John Barrymore, até que foi despejado porque construiu um jardim com canteiros e fontes no último andar e assim metade da casa apodreceu." (Não é verdade, a casa não existe mais, tudo mudou.) "E agora vou mostrar onde Edgar Allan Poe morava." (Até parece: por aqui não resta mais nada daquela época.) "E aqui aconteceu a primeira agitação sindical da história dos Estados Unidos: os quebradores de pedra protestavam contra a utilização dos forçados de Sing Sing para construir a universidade e houve um confronto com a polícia montada, bem aqui neste cruzamento..."

VANTAGENS DO PROVISÓRIO

Amar uma cidade sempre traz uma contrapartida de sofrimento: vemos as ruas amadas mudarem de feições, as harmonias antigas se subverterem, e em geral o novo é mais feio e jamais se compara ao passado. Para quem vive na insensata Itália de hoje, esse suplício é cotidiano: e não é consolo nenhum pensar que talvez sempre tenha sido assim, em todas as épocas.

E em Nova York também acontece isso. Estive fora por dois meses e não reconheço mais os lugares: casas antes inexistentes, perspectivas desaparecidas. Mas não é a mesma sensação que se tem na Itália. Porque em nosso país quem vê surgir um edifício feio por especulação imobiliária sente um enfeamento definitivo, sabe que ele ficará diante de seus olhos pelo resto da vida, que seus filhos e netos irão vê-lo também. Aqui não: uma casa média dura no máximo trinta anos, mas muitas são demolidas após sete ou dez. A paisagem urbana muda num ritmo tão rápido que só conseguimos nos apegar à sua capacidade de transformação, aos sinais constantes de sua provisoriedade, às cercas, aos andaimes e às caçambas, e àqueles locais privilegiados que, por especial graça ou valor, conseguem superar o limite dos cinquenta, dos setenta, dos cem anos, abrindo raras frestas, e por isso mesmo tão mais patéticas, sobre o passado. Quando esses lugares "antigos" são ameaçados, então sente-se a ofensa com maior gravidade do que em nosso país, e o patriotismo cívico se rebela.

Mas sempre resta este consolo: à provisoriedade do belo corresponde a provisoriedade do feio; uma casa feia dura pouco: basta esperar.

WHERE ARE YOU FROM?

"Sem dúvida era americana", escreve em seu diário Giovanni B., o italiano que só pensa em mulheres, "americana no modo de vida, na mentalidade, nos gostos, no amor. E assim alegremente entusiástica, sem problemas, distante de todas as idiossincrasias femininas europeias." Eu, que sempre que chego a um lugar não vejo a hora de conhecer a verdadeira representante daquela civilização, o protótipo, certamente não podia reclamar de Joan, minha primeira *girlfriend* nova-iorquina. Contudo, o tipo físico, o porte, até a maneira de se vestir: não, nada isso correspondia à minha ideia da moça americana. E confesso que de vez em quando sentia minha alegria se anuviar, havia alguma coisa que ainda me escapava.

Uma noite, quando ela me falava de si, descobri a causa. A razão era simples: Joan era russa! O pai oriundo de Kiev, a mãe de Odessa, emigrados para cá cinquenta anos antes. Como não pude perceber? Aquele rosto corado, aquele sorriso, aquele coque: uma russa! Aquele modo de levantar os braços rindo! E o vestido com a barra de pele, o falbalá! Uma moça de Tchékhov! Agora podia enquadrá-la perfeitamente, e ela me agradava ainda mais.

Mas e a americana? O problema permanecia. Eu já estava em Nova York fazia umas duas semanas e ainda não conhece-

ra *a* nova-iorquina. Comecei a sair com Judith. Ela realmente, no tipo, na maneira de rir, não digo que me agradasse mais que Joan, mas era — como dizer? — absolutamente típica. Eu quis lhe explicar esse conceito no intervalo de uma sessão de jazz. "Sabe, a primeira moça que conheci em Nova York era russa…"
"Eu também sou russa", disse Judith. Os avós dos dois lados, de pai e de mãe, vinham da Rússia. Trocaram imediatamente seus sobrenomes verdadeiros, difíceis de *spell*, por outros anglo-saxões, mais comuns.
"Sabe, Betsy também é russa, e Liza, e Maude." Todas as moças que eu conhecia em Nova York eram russas. Só Annie que não, era polonesa.

Fiquei ansioso em encontrar uma moça de família anglo--saxã, uma, uminha só. Mas, em Nova York, onde estão os descendentes dos ingleses? Irlandeses a rodo, alemães, italianos, armênios… Finalmente conheci Sylvia, que era de Maryland. Antiga família inglesa, presbiteriana: *old settlers*. Mas não nos entendíamos. Acabou logo.

Mas por que eu procurava uma anglo-saxã, afinal? Já sabia que seria uma exceção, uma raridade. Não estava procurando a típica nova-iorquina? E já tinha, tinha desde o primeiro dia, Joan, minha primeira namorada; ela representava o espírito dessa cidade onde os *natives* são os *aliens*, onde todos vinham de fora (ou o pai, o avô ou, no máximo, o bisavô viera de fora) e por isso é de imediato a cidade de todos…

A ESCOLA DA DUREZA

Cada grupo étnico que compõe o caldeirão americano perdeu, ao longo dos duros anos da luta pela vida, algumas características, e fortaleceu e consolidou outras. Os que ficaram por mais tempo e mais intensamente desambientados foram os italianos. Em grande parte separados de uma Itália pré-

-nacional, dos povoados meridionais anexados ao Estado italiano pouco tempo antes, chegaram aqui sem nenhuma experiência de civilização a não ser aquela agrícola-pastoril, nenhum meio de expressão a não ser o dialeto, nenhuma cultura a não ser um folclore semicatólico e semipagão. Como que saídos do ventre da natureza biológica, de repente se viram arremessados no meio do impetuoso crescimento da sociedade industrial e do urbanismo: nos olhos dos filhos ainda restou algo soturno e assustadiço, como se não tivessem se libertado totalmente da tensão desconfiada dos primeiros anos após o desembarque. Apenas aqui vieram a adquirir os escassos elementos de consciência italiana, por patriotismo de grupo e de bairro: aprenderam que podiam ter orgulho de Giuseppe Verdi e seguir Benito Mussolini; nunca conseguiram se integrar a um estrato de intelectuais, como poderia ser aquele constituído de compatriotas exilados políticos, antes e durante o fascismo, e assim não tiveram outros líderes e outros ideais a não ser os da pequena politicagem de bairro.

Mas não são os únicos: não há grupo étnico que tenha saído ileso do trauma que a inserção no novo mundo causou a todos. Nos Estados Unidos, onde a palavra "patético" é usada apenas em sentido restritivo e depreciativo, todo e qualquer matiz peculiar dessa dimensão humana que é o pathos parece se anular. Os anglo-saxões perderam o inefável laivo de loucura que constitui o encanto dos cidadãos britânicos; os alemães perderam aquela rósea jovialidade de crianças grandes; os russos sufocaram a extroversão dos sentimentos e dos conflitos interiores; os italianos perderam qualquer traço do brio peninsular original; os judeus, cujo único denominador comum é portar mundo afora a chama de um pathos que brilha para além da miséria humana, aqui são tudo menos patéticos, e a fisionomia judaica, que depois de algum tempo aprendemos a reconhecer em certos homenzarrões despachados e *tough* que são motoristas de táxi, não condiz em nada com a imagem que construímos na Europa.

■ *ITALO CALVINO*

Resta o grande mar do povo negro, que em sua rica vitalidade natural mescla e une violência, alegria de viver, bufonaria e dolorosa compaixão por si mesmo. E restam também as compactas ilhas chinesas, que parecem resistir ao ritmo e à dureza da sociedade ao redor, mantendo em suas ruas uma animação miúda, de pequenos comércios, vozerios estrídulos, alegria trabalhadeira, bem-estar civilizado. Os chineses parecem deter o monopólio da honestidade: Chinatown é o único bairro popular onde a polícia não precisa combater a delinquência juvenil. Os negros parecem deter o monopólio da felicidade física: o Palladium, o *dancing* das pessoas de cor no bairro de Broadway, é o único lugar onde se pode ver uma juventude explodindo de beleza, força, harmonia e espontaneidade existencial.

O traço de união entre todos os grupos, para além dos antigos rancores e rivalidades, é um senso de mútuo entendimento, aquela espécie de cumplicidade que liga todos os que escolheram viver nos Estados Unidos, em qualquer nível econômico e intelectual a que pertençam. Cumplicidade por ter deixado os sistemas de valores de sua terra de origem, fossem eles tradicionais ou inovadores, e aceitado as regras americanas do jogo, a prioridade do dinheiro, o valor humano que precisa ser provado na disputa econômica, a base dura e neutra sobre a qual poderão depois construir para si (com um risco de hipocrisia não maior que em outros lugares) uma moral e uma virtude.

A SOCIOLOGIA E O CALDEIRÃO

Percebo que, quanto mais se estende minha permanência aqui, mais difícil é elaborar um discurso genérico qualquer. Circulo, observo, ouço, escrevo, e sinto cada vez mais a insatisfação de quem arrisca aproximações e mais aproximações... Agora só resta passar a palavra aos sociólogos, aos frios compiladores de dados. Basta uma breve temporada para entender por que os Estados Unidos são o país das investigações sociológicas, das pesquisas de opinião e de mercado. Diante de população tão variada, não parece possível nenhuma forma de conhecimento e previsão que não se baseie num detalhado acúmulo de dados, em minuciosas sondagens estatísticas, cada vez mais pormenorizadas, até se afogarem num mar de números, respostas e dados impossíveis de reunir num conjunto, que não significam mais nada...

A HERANÇA AFRICANA

Certos negros não sabem que são negros. A empregada doméstica de uns amigos meus afirma ser pele-vermelha. "*I'm colored but not a Negro. I'm an Indian.*" Ela é, sem sombra de dúvida, uma negra de origem africana, quem sabe descendente de um povo muito nobre, de uma família real, mas não lhe passa pela cabeça que possa existir entre os negros uma hierarquia da nobreza de origem. Está fascinada pelo mito dos índios das tribos antigas, os únicos que podem se orgulhar de uma aristocracia não só sobre todos os *coloreds*, mas também sobre os próprios brancos, por serem mais "americanos", estabelecidos desde sempre nessas terras.

O culto dos negros ao passado africano está começando a nascer, como tendência intelectual, desde que começaram a enxergar uma relação entre suas reivindicações de igualdade e o movimento de emancipação do mundo colonial. Os negros começam a entender que a África não é motivo de vergonha, como os brancos sempre lhes fizeram acreditar, mas pode ser motivo de orgulho. A arte africana, os nomes dos antigos povos, seus ritos e costumes são agora objeto de uma espécie de moda entre as elites negras americanas. Uma comédia de ambientação negra (*A Raisin in the Sun*), que tende a um moderado liberalismo racial, atualmente em cartaz na Broadway, zomba dessa nova mania. De fato, tal tendência, que podemos

31

chamar de "neoafricanista", corre o risco de se tornar uma resposta ao racismo em termos racistas, mas ao mesmo tempo proporciona o sentimento de pertencer a uma "história" àqueles que sempre estiveram excluídos dela.

A ONDA CATÓLICA

Uma estátua feita em série, de plástico ou gesso, branca, toda drapeada, segue-nos por toda parte pelas ruas de Boston: no painel dos táxis, nos ônibus, nos cartazes, nas vitrines. "*Our Lady of United States.*" Nossa Senhora. Esculpida em enormes dimensões, a mesma estátua será disposta no alto da cidade, iluminada à noite por holofotes, para sancionar a conquista católica da antiga capital do puritanismo.

No Natal, se Nova York é o reino de Papai Noel (Santa Claus), Boston é o reino do presépio. O cintilar das luzes no Don Bosco Shrine anuncia a desforra do gosto suntuoso dos católicos sobre a austeridade protestante.

Mas a nova Boston dos conquistadores, industrial e plebeu-burguesa, é plúmbea e soturna, tanto quanto a velha Boston protestante, mercantil e manufatureira, era sisuda e aristocrático-intelectual. As duas tenebrosidades se somaram. O catolicismo irlandês (ou irlando-siciliano), crescendo em terreno protestante, não traz ventos de alegria pagã e indulgência latina. É mais sombrio e fanático que seu antecessor.

O ESPRESSO-PLACE

A mais recente contribuição italiana à cultura dos Estados Unidos é o café: entendido no duplo sentido da bebida e do ponto de encontro.

A moda dos *espresso-places* triunfa há alguns anos em Nova York e vem se estendendo por todo o país. Claro que fico feliz por poder tomar um café "à italiana" (o que se chama café nos Estados Unidos é outra coisa, uma bebida quente levemente aromática, que pode acompanhar uma refeição). Mas não consigo expressar para os americanos o insuperável desconforto que me transmitem esses lugares onde se cria "uma atmosfera italiana" com a penumbra, as mesinhas de mármore, os bustos dos imperadores romanos, as telas de quadros pseudorrenascentistas, um alto-falante tocando trechos de ópera. No balcão impera uma máquina de espresso da época do rei Umberto, com águias, colunas e anjinhos, tudo dourado; quanto mais antiquada e resfolegante a aparência da máquina, mais autêntico se considera o café.

As pessoas tomam café nos *espresso-places* sempre sentadas, e ele custa de 25 a 75 *cents*, segundo a modalidade. O pedido é escolhido a partir de um cardápio robusto, no qual cada tipo de café é acompanhado de uma explicação do preparo e às vezes de dados históricos. "Roman Espresso": *Café italiano com casca de limão servido em copo.* "Café Borgia": *Café italiano e espuma de leite coberta com chocolate ralado importado.* "Cappuccino": *Um preparado de leite quente e canela é acrescentado ao espresso. Mistura especial que consta ter sido criada pelos monges capuchinhos, séculos atrás.*

Os *espresso-places* geralmente são gerenciados por imigrantes recentes, italianos nascidos na Itália, e não pelos ítalo-brooklinenses, que não conheciam tais requintes. E, a meu ver, não há operação mental mais difícil que o empenho com o qual eles conseguem eliminar qualquer lembrança do que é de fato a Itália e inventar uma Itália irreal, que corresponde exatamente àquela que imaginam os americanos. Ou será que eles também acreditam, também julgam que o conceito "Itália" só pode ser pensado nesses termos alegóricos, os bustos romanos, os versos da *Tosca*, e que todo o resto é vazio, nulo, uma névoa amorfa e irrecuperável, um cenário anônimo de suas vidas anônimas de "antes"?

A INVASÃO PORTORRIQUENHA

O bloco em frente estava com quase todas as janelas iluminadas; em fragmentos, em retalhos, em lascas, o desenrolar de vidas familiares serpenteava por centenas de aposentos. "Portorriquenhos", disse o amigo que me recebia; eu estava olhando pela janela da casa dele, numa rua do alto West Side, "tem um monte aqui nas redondezas. No verão deixam as janelas abertas. A gente vê eles dormindo, fazendo amor, amamentando, se estapeando, se embebedando, tudo. Alguns anos atrás, essa ainda era uma boa rua residencial. Mas logo vamos precisar nos mudar."
Como sabem, em Nova York o endereço, o número da rua e da casa é tudo: quando um bairro começa a ser ocupado por uma população diferente, os inquilinos antigos saem em debandada. "Seria prejudicial à sua carreira morar numa rua invadida por portorriquenhos?", pergunto.
"Não é isso", ele me responde. "É que fomos despejados. O proprietário não vê mais vantagem em alugar apartamentos tão grandes. Prefere dividir este em três e alugá-lo aos portorriquenhos: é bem mais rentável."
Estamos numa casa de ar senhorial, com ambientes espaçosos, lareiras de mármore, construída uns trinta anos atrás. Logo será rebaixada a *slum*. O West Side ainda tem bons apartamentos com aluguéis relativamente baratos: edifícios da época em que era uma área residencial privilegiada, isto é, antes que os preços começassem a cair devido à saída das residências de luxo, que deixaram as margens do Hudson e foram para as do East River. A população mais rica passou a gravitar ao redor dos novos edifícios construídos no lugar dos cortiços do East Side; enquanto isso, no West Side, com o fim das discriminações, instalava-se a classe média intelectual judia, nascida nos bairros pobres de Downtown e dos "subúrbios". Agora, para eles também é o momento de ir embora, cedendo lugar à onda dos portorriquenhos.

Assim que cheguei, ao ver as contradições de Nova York (a generalizada profissão de fé na igualdade das raças e as rigorosas discriminações que vigoram nos bairros nobres e em certos hotéis), eu havia imaginado que o raciocínio perfeito de um proprietário de imóveis seria mais ou menos nos seguintes termos: "Tenho dinheiro para investir, construo uma série de edifícios de luxo; para manter o valor do aluguel, veto o acesso de italianos, judeus, negros e *índios* portorriquenhos ao bairro. Com o lucro posso patrocinar associações contra a intolerância racial, comitês para a fraternidade entre os diversos grupos étnicos e religiosos, movimentos pela igualdade das pessoas de cor".

No entanto, agora percebo que o raciocínio típico do verdadeiro dono de imóveis é bastante diferente e pode ser formulado assim: "Tenho dinheiro para investir, compro uma série de edifícios de luxo, e os franqueio aos italianos, judeus ou portorriquenhos que antes estavam excluídos deles; assim os inquilinos de alto padrão vão embora, reduzo os edifícios a *slums*, multiplicando os apartamentos e o faturamento. Com o lucro posso patrocinar associações para a defesa da raça branca, movimentos antissemitas, clubes exclusivos para anglo-saxões protestantes".

O ACTOR'S STUDIO

Um rapaz dorme numa cama. Começa a se mexer, ergue a cabeça, depois a joga de novo no travesseiro. Faz menção de se levantar, devagarinho, se joga de novo na cama, afunda o rosto no travesseiro, se agita. Senta. É tomado pelo desespero, diz: "*God*". Tenta dormir de novo. Não, levanta. Tudo isso se passa lentamente, em silêncio. Ao redor, sentadas nos bancos de um teatrinho circular, umas cem pessoas observam com atenção.

Estamos no Actor's Studio, em Nova York, numa terça ou sexta-feira de manhã. Ouvem-se as sirenes lá fora. Estamos no West Side, num bairro perto do porto. Duas vezes por semana, atores e diretores se reúnem aqui de manhã, das onze à uma, para assistir a algumas experiências de interpretação dos colegas e debatê-las. Um senhor de cabelos brancos e rosto impassível, sentado no meio, é o diretor, Lee Strasberg. Quando os outros terminam de falar, ele toma a palavra. Suas intervenções são, muitas vezes, verdadeiras aulas, segundo as deixas dadas pela ocasião: aulas de psicologia da interpretação, ou de técnica de direção, ou comentários a um texto ou a um autor.

Agora o jovem ator acende um cigarro, joga fora, levanta, veste as calças, vai até a janela, está cada vez mais desesperado. Estamos assistindo a um tipo de exercício inventado — dizem-me — por Strasberg, que se chama "um momento privado". O ator deve representar, sem nenhum texto escrito, algum problema psicológico pessoal. Os exercícios são feitos com extrema lentidão: uma das características do Actor's Studio é permitir que os atores desenvolvam seus próprios temas cênicos, sem se restringir aos limites normais de tempo impostos pelas exigências do espetáculo.

O rapaz põe um disco e parece um pouco menos desesperado. Não, interrompe o disco, tem uma recaída. Agora vai à janela, fuma, torna a botar o disco. Pronto: começa a assobiar! Está tudo bem, o desespero foi superado. Ele conseguiu.

Terminada a ação cênica, o ator deve explicar aos colegas o que quis fazer, as dificuldades que encontrou na representação, as dúvidas que lhe vieram. Os outros discutem, fazem perguntas. A discussão se desenvolve da mesma maneira e com a mesma atenção ao componente psicológico mesmo que a experimentação não seja o improviso de um ator, mas o texto de um autor, um ato único ou uma cena de comédia representada por três ou quatro pessoas. O verbo *to feel*, sentir, é aqui (como em geral em toda a vida americana) uma palavra-chave; o culto da sinceridade interior induz a uma contínua comparação dos próprios problemas aos do personagem. A pergunta de praxe é: "mas, naquele momento, você estava trabalhando um problema pessoal ou cênico?".

Sem dúvida o conteúdo ideológico desse método é muito discutível e certamente se presta a exibicionismos, pode se tornar uma forma de esnobismo e ser arremedado com facilidade. A bem da verdade, Strasberg, com sua tranquila sobriedade, nunca deixa de censurar qualquer complacência pouco saudável: tem o estilo e a autoridade clínica de um psicanalista sério. Mas o importante, o que me parece raro e precioso no Actor's Studio, é a atmosfera que se respira: uma atmosfera limpa, de despojamento, de paixão pelo aprimoramento, de amor pela profissão. (O Actor's Studio consegue se sustentar com poucos recursos, com a colaboração voluntária dos atores.) Esta é uma das sementes que frutificaram do clima fervoroso dos anos 1930 (Strasberg foi uma das figuras de ponta do teatro daquela época).

E é um produto típico do ambiente intelectual de Nova York. Há de tudo nele: o componente russo, isto é, a tradição realista com forte carga de interioridade da escola teatral de Stanislavsky (o mundo do teatro nova-iorquino é composto em sua maioria de judeus originários da Rússia e da Polônia), o componente freudiano enraizado no velho componente protestante da confissão pública, e o indefectível componente pedagógico anglo-saxão, isto é, a convicção de que qualquer coisa pode ser ensinada e aprendida.

É fácil ridicularizar um ou outro aspecto, mas todos esses componentes apresentam um fundamento moral e uma antítese a uma concepção esteticista "inspirada", irracional, dos fatos da arte.

WALL STREET ELETRÔNICA

A Bolsa de Nova York é todo um mecanismo eletrônico. Minuto a minuto o Stock Exchange transmite os dados para as grandes corretoras como a Merrill Lynch, Pierce, Fenner & Smith que estou visitando agora, e que recebe ordens de compra e

■ ITALO CALVINO

venda por telefone e telex, vindas de todas as cidades dos Estados Unidos e também da Europa. Aqui as calculadoras computam ininterruptamente os preços, os pontos e os dividendos, e todas as operações, transmitidas automaticamente pelo Stock Exchange, determinam o curso das cotações, enquanto outras máquinas ainda mais complicadas fazem os cálculos para o *over--the-counter Market*, que não vou ficar explicando como funciona, e cada um desses valores computados por todos esses cérebros mecânicos nesse enorme edifício de Wall Street vai acabar no último andar, na Grande Memória Eletrônica, onde cada gesto hábil ou desajeitado do especulador, o lucro e o prejuízo de cada minuto de cada dia no mercado de ações ficarão registrados indelevelmente até o Dia do Juízo Final.

A Memória, vista de perto, parece um esfregão esgarçado. Agora já vi, agradeço a moça, posso ir embora. A cada visitante e aspirante a investidor, o departamento de Public Relations da Merryll Lynch, Pierce, Fenner & Smith designa uma graciosa cicerone que o acompanha e lhe explica tudo com ágil minuciosidade. Claro que não entendi quase nada, mas à saída pego uns folhetinhos que explicam como e por que investir, com máximas dos grandes filósofos sobre o dinheiro.

Nos Estados Unidos, a propaganda do conceito de que dinheiro gera dinheiro, e mesmo para reforçar o simples fato de que o dinheiro é uma coisa boa, importante e digna de ser almejada, não nos dá trégua. Os bancos se concentram nesses temas, em sua publicidade nas paredes, nos ônibus, nos jornais. Vendo tanto esforço propagandístico, até diríamos que o culto ao dinheiro está em declínio e que as pessoas nem querem mais saber dele.

E talvez haja uma ponta de verdade nessa suposição tão esdrúxula. O dinheiro, sublime abstração da burguesia dos tempos heroicos, cuja acumulação exigia que a pessoa se entregasse a uma vida de riscos e aventuras, mas também de força de vontade e sacrifícios, agora não passa de um meio para obter o mais cedo possível os confortos da vida, bens de consumo, automóveis e lavadoras de roupa. A aventura acabou, mas com ela acabou também o ascetismo austero. É do novo culto doméstico-hedonista da família bem equipada que parte o materialismo americano, corroendo o idealismo do dinheiro dos capitães da indústria ascéticos e insaciáveis em seu sonho de acumulação e multiplicação abstrata.

A FACULDADE FEMININA

Aqui, só uma coisa é proibida às moças: não podem ter automóvel. (Estou visitando um *college* de moças muito ricas, em Westchester, famoso por seus critérios pedagógicos liberais.) No entanto, vejo muitos carros estacionados de um lado do *campus*. Explicam-me que os automóveis são permitidos às moças que precisam deles por motivos de saúde. Na verdade, quase todas elas obtiveram permissão: do contrário, como poderiam ir ao psicanalista duas ou três vezes por semana?

O método desse *college* é que todas as alunas tenham liberdade de escolher os cursos que quiserem; não há aulas, mas "seminários", debates entre alunas e professores; não há exames; as pessoas se divertem com temas culturais agradáveis e variados. Entre os prédios onde ficam os departamentos e os dormitórios, as moças de calça, camisetas, meias coloridas passeiam pelos gramados. Nas roupas predomina uma tendência quase afetada ao conforto, sem preocupações de elegância. Há uma espécie de bermuda, batendo pelo joelho, muito difundida nos *colleges* femininos e que nada tem de atraente. Mas a variedade de modelos das roupas estudantis por vezes permite explosões precoces de *glamour*.

Assisto ao "seminário" de literatura comparada. O tema da discussão de hoje é um personagem de Dostoiévski: Aliocha Karamazov. As jovens estão sentadas em torno de uma mesa redonda, com o professor, um eslavista famoso, russo de nascimento. Uma moça lê seu relatório sobre Aliocha e as outras expõem suas opiniões, uma por vez. Depois o professor intervém, levantando problemas e orientando a discussão, mas, quanto mais ele demonstra argúcia interpretativa e eficácia pedagógica, mais sou tomado por uma espécie de vertigem: essas moças estão tão longe dos Karamazov quanto da lua. Sentir Dostoiévski e o pensamento religioso e revolucionário russo adejarem pelos gramados de Westchester, entre esses viveiros de herdeiras de Nova York, Nova Jersey, Pensilvânia, causa uma consternação e um entusiasmo sideral. E enquanto observo os rostos das *teenagers* ocupadas em mergulhar naquela moral extrema do sacrifício e do absoluto, sou tomado pela emoção das distâncias, por aquela Europa que é também Rússia e que, vista daqui, parece um lugar de dimensões mensuráveis e familiares, e por fim desperta o sentimento dolorido de uma pátria.

ENTRE MÁQUINAS QUE PENSAM

Visito uma fábrica de cérebros eletrônicos, perto de Nova York, na época do Natal. Entre os mecanismos cibernéticos pendem enfeites natalinos, visgo e faixas com votos; as operárias, todas elas gordas, com aventais de cores vivas, têm caixinhas de doces nas bancadas de trabalho; em alguns setores, organizam-se pequenas festas ao redor da árvore e os alto-falantes transmitem *Christmas carols* cantadas por vozes infantis, que a diretoria da fábrica oferece aos trabalhadores na técnica mais avançada de nossa época.

O complexo de inferioridade próprio da humanidade diante da potência cósmica da técnica moderna foi algo que superei de uma vez só, em Washington. Eu conseguira marcar, graças a uma série de recomendações e contatos, uma visita ao centro de cálculos espaciais, isto é, a estação que recebe e analisa os dados do *Vanguard* e dos diversos foguetes. Vou com o orgulho do viajante que conseguiu alcançar uma zona secreta e dificilmente explorável. Quando chego lá, fico um pouco desiludido. Esse centro de cálculos espaciais era uma vitrine numa rua central, uma espécie de loja ou de exposição, com modelos de satélites, silhuetas de foguetes, teletipos e calculadoras. Um funcionário especializado em *public relations* me guia pelos vários modelos, cujo funcionamento seria evidenciado mediante as luzes que se acenderiam quando se apertasse determinado botão. Mas muitas vezes não acontece nada, pois estão quebrados. Jovens matemáticos batem nas teclas dos computadores espaciais em gestos que, a meus olhos invejosos, parecem hesitantes e distraídos. No entanto, não são truques: aqueles valores que os teletipos vão soltando, aquelas luzes que se acendem provêm das imensidões siderais. Explicam-me que há um centro igual em Cape Canaveral e que este aqui serve apenas para verificar certos cálculos.

Insatisfeito, continuo a seguir as imagens do mundo cibernético nas fábricas, a admirar memórias eletrônicas mais belas do que qualquer quadro abstrato: cascatas de fios de várias cores que se mesclam com efeitos pictóricos extraordinários.

Imagens da humanidade futura: os laboratórios dos institutos de pesquisa que surgem ao lado das fábricas, liberados das tarefas imediatas da produção. Em seus cubículos de divisórias removíveis (para poder dispor de espaços com as dimensões exigidas, a arquitetura dos laboratórios e das escolas está entre as mais bonitas dos Estados Unidos), os matemáticos e físicos enchem suas lousas verdes de fórmulas.

Tudo muito lindo. Porém, os trabalhadores altamente qualificados, os cientistas e os cérebros eletrônicos às vezes parecem estar numa gritante contradição com outros aspectos da organização em que se realiza o trabalho. Numa fábrica muito importante, sou recebido por um grupo de *managers*; antes de me mostrarem os departamentos, fazem-me — como de costume — um discurso sobre a estrutura da empresa. Uma das primeiras coisas que dizem — sem que eu tenha perguntado — é que não há chefe na empresa. Pergunto a razão. "Não precisam", respondem, "recebem mais do que em outros lugares." De fato, uma técnica que traz em si a promessa de um futuro de extraordinária emancipação humana hoje se realiza, muitas vezes, num clima de explícito paternalismo.

Numa empresa extremamente avançada em termos técnicos, faz-se uma festa pelo aniversário do presidente do conselho de administração, Mister H. Todos os funcionários são convidados, bem como suas respectivas esposas, por meio de uma carta mimeografada que informa que, se a pessoa não tiver meio de transporte para ir à festa, a direção fornecerá um automóvel com motorista, que passará a tal e tal hora para apanhá-la; se a esposa não tiver vestido de noite, a direção lhe fornecerá o traje na alfaiataria tal; que todos os pais com filhos pequenos terão serviço de babá para aquela noite, a cargo da direção; que na mesa número tal são determinados os lugares tal e tal; quando Mister H. entrar, todos deverão ficar de pé e cantar a seguinte música em homenagem a ele.

Para explicar a organização das pesquisas em sua empresa, um cientista desenha um diagrama na lousa e todas as linhas convergem para um ponto no alto, onde ele escreve o nome do dono. Prolonga a linha para o alto e escreve: *God*. Acima do dono, somente Deus.

Seria um simples desabafo irônico ou a concepção protestante do capitalista solitário, eleito pela graça divina, que continua a sobreviver entre as máquinas que pensam?

JET E TRADIÇÃO

Nenhum país é mais distante da Inglaterra que os Estados Unidos. Se na Itália, por exemplo, encontramos com bastante frequência pessoas ou ambientes que podemos classificar com o adjetivo "inglês", referindo-nos a um estilo, um tipo de sabedoria ou loucura só definíveis assim, isso nunca acontece neste país, que teve como berço a mesma civilização inglesa e que fala — ainda que à sua maneira — a mesma língua.

Agora estou visitando a Nova Inglaterra, o velho reino da tradição, a América puritana que está na raiz de nosso mito, filha rebelde e severa da antiga Inglaterra. Mas, para encontrar sua verdadeira face, é preciso sair de Boston, onde o velho bairro de Beacon Hill se vê oprimido e acuado por uma cidade industrial surda e anônima, e pela onda de ascensão niveladora (e ao mesmo tempo autoritária) irlandesa e italiana. É preciso ir a Salem, o porto dos velhos capitães-armadores que traziam da China preciosas porcelanas como lastro de seus veleiros, ou a Nantucket, o porto dos baleeiros.

Sigo pelo litoral de carro, com um amigo que mora por esses lados. Diz ele, apontando uma das casas de madeira do século XVIII, que cintila entre as árvores: "São cinco horas. Quer apostar que, se entrarmos neste instante, encontraremos as donas da casa servindo o chá?". O chá? Desde que estou aqui nos Estados Unidos, esqueci que a esta hora pode-se beber outra coisa além de uísque, seja *scotch*, *rye* ou *bourbon*. Entramos.

Nos Estados Unidos, país da juventude, o antigo é raríssimo e esse raríssimo não envelhece. Essas antigas casinhas de madeira parecem construídas ontem. E, ao entrarmos, parece que entramos num século XIX que continua atual: como se nenhum caruncho ou nenhum desbotado tivesse estragado os móveis, as decorações, essa discreta harmonia.

As donas da casa, mãe e filha já idosa, estão realmente servindo o chá, como todas as tardes nessa mesma hora. Estão com a visita de uma amiga, ela também idosa, que veio contar as últimas fofocas da vizinhança; meu amigo, que é de casa, entrou na conversa como que retomando o fio de uma conversa interrompida pouco antes; estamos num mundo imutável, onde cada gesto e cada conversa é como um ritual.

No entanto, as donas da casa voltaram ontem de *jet* de umas férias na Jamaica; no entanto, a visitante acabou de voltar de uma semana em Honolulu. As viagens transoceânicas se inserem nesse ritmo imperturbavelmente tranquilo. E mesmo

43

a primeira pergunta da amiga de visita deve ser de praxe: "*Tell me, is Jamaica getting spoiled?*" (Diga-me, estão estragando a Jamaica?).

O SABÁ DAS BRUXAS

Alguns entendedores afirmam que a primeira coisa a se fazer numa cidade é procurar assistir aos *burlesques*, os espetáculos de striptease, pois não há melhor chave de interpretação para compreender a civilização do lugar. Não tenho nenhuma objeção a esse critério metodológico, mas em geral escolho outros procedimentos cognoscitivos; confesso que negligenciei um pouco esse aspecto da vida social americana. Procuro remediar o fato arriscando alguma consideração geral, com base numa gama de experiências pessoais não muito extensa e em testemunhos indiretos esparsos.

Vamos lá. Pesa sobre o *burlesque* americano uma dívida moralista-teológica. Tanto quem o frequenta quanto quem o condena consideram-no da mesma maneira: é o entreabrir de uma fresta do inferno, um controlado desenfreamento da parte mais tenebrosa da alma. Esse aspecto é mais sensível nas cidades e estados onde a repressão moralista é mais forte.

Na sisuda Boston puritano-católica, o *burlesque* parece uma válvula de escape das inibições cotidianas, um escape tétrico como os sabás das bruxas que eram queimadas por essas bandas, pois nascido da mesma fantasia reprimida dos austeros censores.

Os números de *striptease* geralmente se alternam com pequenos quadros cômicos e incongruentes, cuja obscenidade é levada ao extremo com temas sexuais de uma elementaridade infantil e representações ainda mais infantis das necessidades corporais. As mulheres que atuam nesses *burlesques* normalmente têm certa idade, são gordas e anatomicamente grotescas. O público, na sala escura, assiste atento; há quem desande a rir até as lágrimas, mas a maioria assiste impassível, séria, de olhos arregalados.

O espírito desses espetáculos consiste numa difamação sistemática do sexo; dirige-se a espectadores que querem reforçar sua convicção de que o sexo é coisa suja e torpe e, assim, fazem muito bem em manter distância dele, em não permitir que perturbe a respeitabilidade de seu cotidiano. Só se pode condescender a suas seduções na penumbra dessas salas demoníacas, pelo filtro da bufonaria, da derrisão, da feiura.

(Essa concepção do *burlesque*, que eu diria ser característica da costa atlântica e do Norte, também se encontra difundida em outros lugares, mas não vale para os Estados Unidos, para os ambientes e os grupos étnicos entre os quais a alegria de viver é mais espontânea — ou mais programática. Nos locais turísticos ou nos lugares negros, nos *nightclubs* das diversas Chinatowns, ou nas casas noturnas elegantes, o *striptease* se baseia nas reações psicológicas mais previsíveis e naturais do público. Emana deles alguma alegria de vida física e sensorial? Não creio: é a *routine* da profissão, em toda parte.)

O DIABO NA TERRA DE DEUS

Em todos os vagões do metrô de Nova York há uma propaganda com duas vinhetas coloridas: o rosto de um homem jovem, forte e decidido, um *manager*, o olhar para o alto, inspirado (um rosto que também poderia ser de um quadro soviético da época stalinista) e, na outra vinheta, o mesmo homem, com a mesma expressão, em meio a outras pessoas, sentado — adivinha-se — no banco de uma igreja. O texto diz: "Fortaleça-se para sua vida: reze em grupo esta semana".

Worship together: não traduzi bem; a expressão é mais indeterminada e, ao mesmo tempo, mais precisa: "Pratique seu culto junto com outras pessoas", isto é, não se exima pensando em rezar por conta própria, o importante é que frequente uma igreja. E faça isso *esta semana* (sábado ou domingo, dependendo se você é judeu ou cristão), isto é, não postergue, se quiser alcançar os resultados psicológicos e práticos de seu fortalecimento para aquilo que pode seguir leis muito diferentes das da religião, *sua vida*, seus negócios. É um modelo de denso conteúdo publicitário e, ao mesmo tempo, uma definição do lugar da religião na América contemporânea.

Hoje em dia é frequente a publicidade em nome não desta ou daquela Igreja, mas das igrejas em geral, especialmente a cargo do Comitê Geral dos Protestantes, Católicos e Judeus, com muitos cartazes para atividades beneficentes: as oportunidades são transmitidas por meio "da igreja ou sinagoga de vocês". No centro de Nova York, no cruzamento da Fifth Avenue com a rua 42, há um enorme cartaz de uma família exemplar ajoelhada, com as mãos juntas e o texto: "A família que reza unida permanece unida".

Quando se fala da América religiosa, em geral a ênfase recai na diversidade dos cultos, no regime de livre concorrência das igrejas, um dos aspectos mais característicos da tradição liberal deste país. Mas agora minha impressão é de um bloco no topo das diversas igrejas, um regime quase de "cartel", que não admite que ninguém fique fora de um ou outro credo. E isso — se não se aplica às cidades grandes, onde realmente se respira um ar de livre pensamento — certamente se aplica aos pequenos centros onde as diversas igrejas regulam a vida associativa. É preciso "pertencer" a uma igreja, e é a partir da denominação religiosa que os vários grupos sociais e nacionais adquirem a consciência de ser e o direito de se impor.

Dentro do "cartel" religioso, desenvolve-se uma luta surda e tensa, em que os protestantes se veem continuamente obrigados a recuar de suas antigas posições de predomínio, diante da posição agora sólida dos judeus em Nova York e um pouco por todo o Norte (o que não exclui que precisem se submeter a discriminações odiosas em hotéis, clubes e escolas) e sobretudo diante da maré de católicos, que superaram a fase de defesa contra a discriminação e pretendem a hegemonia.

Mesmo fiéis a suas características teológicas e tradicionais, as diversas igrejas parecem mais semelhantes entre si do que em outros lugares, e não só por causa de seus desinibidos métodos publicitários ou da disputa de "americanismo", mas porque todas se tornaram expressão de um espírito comum, que eu chamaria de espírito *teocrático* dos Estados Unidos: uma das poucas heranças dos primeiros colonos puritanos que não foi derrubada pela civilização industrial e a irrupção das massas não protestantes no caldeirão americano, uma herança, aliás, que católicos e judeus, cada um à sua maneira, contribuíram para reforçar. Os Estados Unidos não conheceram o problema das relações entre Estado e Igreja nos termos cruciais que ele adquiriu para a história da Europa e para a formação de nossa cultura, mas tampouco adquiriram o nítido senso de separação entre a esfera da Igreja e tudo o que é laico.

A Europa, nascida da confluência entre a tradição pagã e clássica e o cristianismo, permaneceu fundamentalmente politeísta, tanto no senso comum popular como na cultura; ela traz em sua base a noção de pluralidade dos deuses e das verdades; mesmo quando incorre no absolutismo ou no totalitarismo, sua aspiração ideológica é voltada para uma distinção entre os vários cultos, um *sincretismo*; ela crê na dialética dos contrários mesmo ao negá-la e tentar detê-la.

A América, por seu lado, cresceu longe da tradição clássica; o natural politeísmo greco-latino lhe é estranho; o sincretismo pagão residual dos índios e dos negros é grosseiro demais para influenciar a mentalidade branca. Mesmo o catolicismo, o rígido catolicismo irlandês-americano, parece unir Idade Média e Contrarreforma, esquivando-se do componente humanístico--renascentista. A América é o país da Bíblia; os Pais Peregrinos aqui chegaram com esse livro, e apenas ele; na tradição americana, o que ocupa o lugar do Olimpo e do mundo clássico é Jeová e a antiguidade hebraica; este país pluralista por sua natureza histórica, social e econômica é como *forma mentis* exclusivamente monoteísta. A América sempre tenta pensar por meio de entidades absolutas, sejam elas o dinheiro ou o sucesso; embora sua realidade seja dinâmica, ela não tem o senso de antítese a não ser como contraposição entre Deus e Satanás.

Convidado para jantar numa casa de Connecticut, encontrei-me sentado entre um monsenhor — um dos mais respeitáveis expoentes do clero católico de Nova York, pessoa muito hábil e esclarecida — e outro convidado que, em polêmica com o monsenhor, apregoava o ceticismo, com as frágeis mas obstinadas razões da experiência empírica, do "só acredito naquilo que vejo". O monsenhor brincava de gato e rato com ele.

Nesses casos, o que faz um historicista europeu? Espera, com sorridente indulgência, que uma frase lhe dê ensejo de elevar o nível filosófico da discussão. Foi o que tentei fazer.

Às inevitáveis observações do anglo-saxão empirista sobre as responsabilidades divinas pelo mal do mundo, o monsenhor respondeu com o diabo: "Para nós, o diabo existe, assim como existe Deus. A característica da cultura do Ocidente é esta: o mundo é uma luta contínua entre Deus e o diabo, enquanto no pensamento oriental a divindade é algo que se confunde com o universo, estática, em que a liberdade humana se anula". E piscou o olho para mim: passara-me a bola.

"É isso", eu disse, "a questão é ver, a cada vez, quem é o diabo. Deus e o diabo frequentemente trocam seus papéis."

"Oh, não", disse o monsenhor, "o diabo é sempre o diabo. Ou o senhor acredita, *like your signor Papini*, que o diabo possa ser salvo?"

Fiquei por um momento em dúvida se devia invocar Papini a meu favor. "Não é uma questão de ser salvo: o diabo, como o senhor diz, ou seja, a negação, a antítese, pode operar em sentido positivo, pode ser ele a salvar... Aliás, uma civilização se salva somente aceitando seu próprio diabo, sua própria contradição interna ou externa como elemento necessário..."

Mas a partir daí não nos entendíamos mais: nem no plano da teologia nem no da realidade americana.

QUEM FAZ POR SI

Passo o fim de semana com um casal que mora no estado de Nova York, num povoado com casinhas entre bosques e pântanos, onde há apenas intelectuais e artistas. Meus anfitriões nasceram na Europa e não renunciaram a certas comodidades: têm uma empregada doméstica que vem todas as manhãs. Uma situação privilegiada; a única coisa desagradável é que, enquanto eles preferem ter um automóvel pequeno, o carro da empregada doméstica tem o dobro do tamanho, e meus anfitriões ainda não se acostumaram a ver seu carrinho estacionado no jardim ao lado do carrão da cozinheira. Continuam a sentir certo desconforto, uma inveja ainda totalmente europeia.

Pior ainda é quando a dona da casa precisa sair por algumas horas e contrata uma *baby-sitter* para ficar com o garoto: a *baby-sitter* estaciona no jardim um automóvel ainda maior e mais comprido que o da cozinheira. Certa manhã há um grande acontecimento: meus anfitriões, depois de insistências e mais insistências, conseguiram que o sindicato dos encanadores enviasse um homem para consertar uma torneira que está vazando. E o encanador chega com um Rolls-Royce descomunal. (Enquanto entre os intelectuais se impõe a praticidade — e em certos casos o esnobismo — do carro pequeno, para a classe operária é o tamanho de seus automóveis o que mais conta.)

O dono da casa chega à entrada, vê seu carrinho ao lado daqueles colossos e abana a cabeça pesaroso.

Estou falando de gente cujo espírito ainda é europeu. Quem é realmente americano agradece aos céus quando pode dispor da ajuda de pessoal doméstico ou de serviços gerais; senão, procura se virar sozinho. Os americanos não esperam mais um encanador, sabem que nunca virá nenhum, e que ficar indo de uma casa a outra fazendo pequenos consertos não é compatível com uma organização moderna de todas as forças para uma maior produtividade; sabem que as *unions* irão cobrar cada vez mais caro pela hora de seu pessoal: assim, consertam a torneira sozinhos e inclusive se convenceram de que é divertido e relaxante se virar por conta própria. É a filosofia do *do it yourself*, "faça você mesmo". Com esse slogan, as grandes lojas oferecem grande quantidade de artigos, aparelhos e equipamentos para que o marido americano (ou a mulher), voltando do escritório, possa resolver todos os problemas práticos de casa, da carpintaria à hidráulica e à jardinagem.

Já se pode dizer que não existe apartamento de intelectuais cujas paredes não tenham sido pintadas pelo dono da casa; é uma alegria, um orgulho pintar as paredes, que — por uma questão de cortesia como hóspede, em todas as casas a que fui convidado — tenho o dever de apreciar e comentar com ativa satisfação.

O dia de folga das empregadas domésticas é algo tão sagrado que não admite exceções. Num palacete setecentista de Westchester, numa família de grandes banqueiros, pode-se ver a dona da casa servindo um *brunch* (a refeição dominical) sozinha, sem copeira nem cozinheira, organizadíssima e muito à vontade.

Num domingo, numa casa de campo, o dono — homem bastante famoso — prepara e serve o jantar para muitos convidados. "Mas a empregada quando volta?", eu pergunto. "Volta? Ela está aqui!", me respondem. "Mas passa o domingo fechada no quarto assistindo à televisão e não desceria nem que tivesse um incêndio." (Por contrato trabalhista, o quarto da empregada deve ter televisão, ou ela poderá exigir ver televisão junto com os donos.)

O fato de que muitas mulheres com atividades intelectuais vivam sem empregada, tendo elas mesmas de cozinhar, trouxe consequências ao mercado livreiro. A literatura gastronômica tem grande difusão: todas as editoras publicam obras de culinária, principalmente livros de receitas estrangeiras e exóticas ou de pratos históricos, e são *best-sellers* garantidos.

VIDA DE HOTEL

Esse aspecto da velha América permanece: aqui você precisa saber se arranjar sozinho, ninguém te ajuda em nada, nem se concebe como ou por que alguém precisaria de ajuda. Falo de coisas miúdas, claro. A organização mais avançada e especializada da produção põe tudo à nossa disposição para simplificar a vida, mas, para além disso, a ideia é que você está sozinho e deve estar preparado para fazer tudo por conta própria, como os pioneiros.

Nos hotéis, os funcionários não movem um dedo a mais do que o sindicato prescreve que deve ser feito. Se você precisar que lhe façam um pacote e o hotel for suficientemente grande, haverá um *package room* com funcionários especializados que, no horário do expediente, farão o pacote segundo a tarifa estabelecida (mais a gorjeta); se não houver *package room*, ninguém jamais empacotará algo para você e o correio recusará pacotes malfeitos.

Só se pode perguntar o horário de um trem a um empregado do guichê de informações da estação; nenhum outro ser vivente lhe dirá. Com certeza um grande hotel oferece tantos serviços que nossa vida fica bastante simplificada, mas para ter os sapatos engraxados não há outro meio senão ir ao engraxate, sentar-se ali e ler o jornal até que ele acabe de engraxá-los.

Viver num mundo um pouco ríspido, mas que desconhece atitudes servis, pode ser incômodo para um italiano, mas é uma experiência que eleva o moral, dá uma ideia de humanidade mais revigorante do que aquela a que estamos habituados. Se o gigantesco porteiro uniformizado que abre a porta do táxi te recebe desde a primeira noite com um *Hello, friend!*, você logo considera isso muito natural.

(Gorjetas, porém, eles aceitam. Mas o fato de não ser você a dá-las e sim eles a exigi-las, protestando se você — singelo e inexperiente — der uma gorjeta muito pequena, já altera o relacionamento.) Há, sem dúvida, problemas que a organização americana não resolveu. Os botões das camisas, por exemplo. Não sei se vocês sabem o que significa mandar lavar e passar uma camisa nos Estados Unidos. Precisamos dizer se é para engomar ou não; se você quiser engomada, irá recebê-la muito bem embalada em papelão, mas dura como um pedaço de pau; se quiser sem goma, ela também virá bem dobradinha no papelão, mas reduzida a uma coisa bem molenga, uma papa. (E sempre toda carimbada com números e siglas, como um encarcerado.) Tanto num caso quanto no outro, os botões se soltaram ou se soltam assim que você começa a vesti-la.

Ora, nos Estados Unidos, para pregar um botão num casaco ou numa calça, é preciso mandá-lo ao alfaiate. Para as camisas, não: nenhum alfaiate aceita pregar botões nas camisas. Quem deveria garantir o perfeito estado dos botões da camisa seria a lavanderia que lavou e passou, mas sabe-se lá como trabalham essas lavanderias; às vezes, trocam todos os botões e colocam uns botõezões horríveis, pregados — creio eu — à máquina, sem nem cruzar dois pontos: um ponto dado de qualquer jeito e pronto!, e assim se desprendem na primeira abotoada.

Não há soluções legais: a gente precisa chamar uma camareira do hotel (que logo diz que não tem tempo, que não tem agulha, que não tem linha) e lhe dar uma bela gorjeta, tudo entre piscadelas e sorrisinhos como se se tratasse de uma proposta indecorosa.

A ORGANIZAÇÃO DAS REFEIÇÕES

Algumas vezes, se estou sozinho e com pressa, como alguma coisa no balcão de uma *cafeteria*, ou mesmo num *self-service* ou num *automat*, entre pessoas que deram uma saída rápida do escritório. Aqui, o expediente segue ininterrupto até às cinco da tarde, sem intervalo definido para a refeição: para o *lunch*, cada empregado tira uma meia hora ou quarenta e cinco minutos (os *managers* podem dispor de uma hora ou talvez duas). Isso de se alimentar como uma operação de trabalho em série tem sua boa dose de tristeza e degradação: ver certas solteironas, certos homens sozinhos diante de sua bandeja de plástico, aperta o coração. De qualquer modo, existe essa poderosa organização industrial da refeição econômica, essas cadeias de restaurantes onde se come ao balcão sentado num tamborete como num bar. A cidade está cheia deles, sobretudo nas ruas onde se concentra a vida empresarial, e ao longo do dia todo multidões enormes se sucedem ininterruptamente nesses bancos, diante dessas bandejas sóbrias.

Durante séculos, em todo o mundo, a ideia de pobreza sempre esteve associada à ideia de fome. Não é que aqui a pobreza tenha desaparecido, mas mesmo o desempregado mais carente dispõe daqueles poucos *cents* necessários para comprar um *hamburger* entre duas fatias de pão com mostarda e uma folha de verdura.

Num mundo sem fome, o significado de se sentar à mesa, como parte do ritual do hábito cotidiano, também sofre alguma alteração. Ou melhor: a refeição vai se configurando em duas formas distintas, que tendem a se diferenciar cada vez mais. De um lado, a refeição como função necessária do dia de trabalho perde qualquer sentido de júbilo e alegria. De outro lado, a refeição como cerimônia de convívio, em vez de exceção festiva, tende a se tornar uma prática usual, e isso tanto na vida dos negócios, onde todas as relações, por exemplo, com pessoas estranhas à própria empresa são reguladas com um convite para ir ao restaurante, como na vida das relações humanas hedonistas, nas relações entre homem e mulher, em que o jantar no restaurante é a maneira clássica de passar parte da noite (claro que não estamos em Roma; aqui não se passa a noite inteira no restaurante, e há sempre outras pessoas de pé esperando para pegar nossa mesa) ou, pelo menos, o acontecimento principal da noite.

A escolha do restaurante nesses casos é o momento fundamental e procede-se em dois tempos: primeiro, escolher *como* se quer jantar, isto é, mexicano, japonês, armênio, alemão, francês etc.; segundo, *onde*, isto é, qual dos diversos restaurantes mexicanos, japoneses etc. você prefere. Entre tantas cozinhas exóticas, raramente se escolhe jantar à americana, isto é, ir a uma *steak-house* para comer um bife. E é uma pena, porque justamente o bife saudável, simples e nutritivo é o único alimento genuíno e familiar. Mas não ouso dizê-lo, não ouso contrariar a fé nova-iorquina na macarronada...

AS MOÇAS SOZINHAS DE NOVA YORK

Se viajarmos pelos Estados Unidos, encontraremos poucos solteiros, e ainda menos mulheres sem marido. Assim é em toda parte, salvo em Nova York. Nova York também é um universo de maridos e esposas, mas com algo a mais, e este algo a mais são muitos milhares de mulheres que vivem sozinhas, solteiras ou divorciadas, que trabalham, têm sua independência econômica, moram num apartamentinho por conta própria. Essa vida sozinha pode ser também um estágio temporário: depois do *college*, a moça não volta para a família — ela procura emprego e moradia na cidade, sai à noite com os jovens que a convidam, sabe mantê-los sob controle ou encorajá-los segundo uma política bem consciente, até que começa a sair toda noite com um deles e depois se casam. Mas não é isso que importa: seja por longo ou breve período a cada caso, ficar sozinha é uma situação normal, real, que condiz plenamente com o quadro econômico, psicológico, de costume, de organização do trabalho e dos serviços da sociedade nova-iorquina; na verdade, é uma de suas principais características.

Uma moça organiza a sua vida sozinha como condição que pode ser permanente; e de fato assim pode ser, seja porque é sua escolha ou porque não teve a escolha de viver de outra forma.

A mulher solteira em Nova York pode existir sem nenhum complexo de inferioridade: "solteira" e não solteirona, seja a que não agrada o suficiente a nenhum homem ou aquela que se agrada demais de muitos homens. (Falo da moça média, não da muito bonita; a América não é o país da beleza feminina generalizada como ainda alguns acreditam, e Nova York nada tem de Roma, local onde se concentra e de onde se difunde aquele valor específico que é a beleza feminina. A *career girl* aqui sabe que precisa se concentrar em sua capacidade de trabalho e em sua habilidade em estabelecer relações humanas.)

A vida de trabalho em Nova York, essa gigantesca concentração de todos os "serviços" da América produtiva, está nas mãos das mulheres, das moças. Nas mãos no sentido executivo, quero dizer. Isso é possível por duas razões interdependentes: o trabalho é organizado de modo que se possa empregar, sob as ordens de diretores de comprovada experiência e competência, um grande número de moças recém-formadas nos *colleges*, mesmo para cargos de relativa responsabilidade; os *colleges* femininos, por sua vez, que às vezes parecem academias de passatempos elegantes, proporcionam às jovens uma quantidade de noções e conhecimentos gerais que lhes permite se inserir imediatamente em certo tipo de serviço: as matérias econômicas e jurídicas as capacitam para se tornarem ótimas secretárias de escritórios administrativos; a literatura, para trabalharem em editoras ou em agências literárias ou teatrais; as artes, para servirem em empresas de publicidade ou nos *art departments* dos periódicos de grande tiragem.

E, enquanto os homens enquadrados no mecanismo da organização industrial depois de algum tempo perdem todo entusiasmo, sentem-se frustrados, reduzidos a meras peças da engrenagem, seguindo céticos uma rotina, as mulheres nas mesmas condições sentem-se fortalecidas, desenvolvem uma participação criativa, uma dedicação meticulosa, uma vigorosa tenacidade empresarial. A meu ver, o predomínio feminino na sociedade americana, tão frequentemente alardeado, hoje consiste exatamente nisto: as mulheres conseguem trabalhar com paixão e os homens não, e isso naturalmente se reflete também na vida pessoal.

Esse predomínio feminino, nos termos em que se expressava até pouco tempo atrás — o binômio mãe-esposa, a fórmula do "matriarcado americano", certas charges e certos contos de Thurber —, pertence a uma concepção da América provinciana, doméstica e agrícola; agora, em novos termos, ele faz parte do próprio cerne da organização industrial: e não é mais um matriarcado, mas uma adequação da luta entre os sexos às fórmulas competitivas características de toda a vida americana.

Não sei quantas são as mulheres independentes de Nova York, em comparação às que mantêm um *ménage* conjugal normal; não tenho as estatísticas à mão e, no fundo, nem me interessam: o que é certo é que são elas que dão sal à vida nova-iorquina, que movem os fios da cidade, nas escrivaninhas dos escritórios até às cinco da tarde e, depois das cinco, em todos os restaurantes, casas noturnas ou *parties* particulares.

Essa independência social e psicológica das mulheres repercute também na vida dos homens. As relações entre mulher e homem se configuram finalmente num plano de paridade, conseguem enfim ser livres. Digo livres no sentido de conscientemente decididas, não no sentido de espontâneas; aqui, mais do que nunca, tudo é pensado, calculado; além do mais, é inútil perseguir a espontaneidade como um ideal, o mundo moderno segue na direção oposta.

Entre os tipos de mulher que agora existem no mundo, o da jovem nova-iorquina, trabalhadora, autossuficiente, livre, responsável, sociável, que sabe se comportar, bastante ambiciosa, capaz de viver com pouco mas que aprecia tudo o que há de bom, egoísta e generosa na medida certa, é talvez o que melhor poderia caracterizar o mundo de amanhã.

São felizes? Bem, mas o que isso significa? Claro que muitas vezes são também insatisfeitas, inquietas, vão ao psicanalista, quase todas reclamam dos homens americanos (outro lugar-comum), todas têm sua teoria psicossociológica para explicar por que o homem americano não serve.

A felicidade ainda é um dos grandes mitos americanos, mas perguntar se as pessoas são felizes ou não é formular mal o problema. O importante é ter senso, não ser vazio, participar de algo supraindividual, não se sentir deslocado, não girar no vazio, não desperdiçar a vida. As moças de Nova York têm os pés no chão e isso não é pouco.

A TELEVISÃO EM CORES

Ontem à noite assisti a um programa de tevê em cores. O show de Perry Como de vez em quando era interrompido pelos anúncios de uma empresa de produtos alimentares: durante cinco minutos só se viam pratos de espaguetes pálidos sobre os quais certa mão despejava um molho escarlate, pratos de carne rosada e saladas verdes com maionese amarela, colheres e garfos em ação, enquanto uma voz persuasiva acompanhava e incentivava tais operações.

Assisto com os olhos arregalados, fascinado a contragosto e ao mesmo tempo com certa má consciência, como se assistisse a um espetáculo obsceno. Me pergunto que efeito a súbita transmissão dessas visões gastronômicas em cores teria em países subdesenvolvidos: em Palma de Montechiaro, em Calcutá, num vilarejo do Brasil. Talvez provocasse uma série de fenômenos fisiológicos, salivação, deglutição, ativação de sucos gástricos e enzimas intestinais, que de algum modo substituiria o alimento, ou talvez provocasse úlceras, hepatites, edemas. Talvez desencadeasse reações psicológicas imprevistas, suscitasse novas esperanças, libertasse cargas revolucionárias adormecidas ou embalasse numa espécie de nirvana, anulando qualquer distância entre realidade e miragem.

Eu estava na casa de amigos de uma coreógrafa de vanguarda: algumas cenas de um balé seu seriam incluídas naquela noite no *Perry Como Show*. Por isso estávamos reunidos ao redor da tevê. Por fim aparecem as cenas de balé, mas ficamos um pouco decepcionados. Terminado o espetáculo, um dos convidados tenta telefonar para a coreógrafa. Ela já está em casa, desesperada, chorando. Fugiu do estúdio antes de terminar a transmissão, quer se suicidar em protesto contra os abusos da televisão em seu trabalho.

A TELEVISÃO E AS IDEIAS

Volto do campo no domingo à noite, já tarde. Telefono para uma amiga. Está em casa, não saiu, vê televisão: há uma entrevista com Nehru.

Vou visitá-la. A entrevista com Nehru dura quarenta e cinco minutos. Depois tem uma discussão, tipo "seminário dos cinco":* um escritor, um jornalista, um político, uma atriz. Aos domingos à noite muitos teatros não funcionam e as pessoas ficam em casa; para a televisão, é a noite dos programas mais sérios e importantes.

Fala-se da televisão americana como uma academia de tolices, mas creio que seria mais útil e instrutivo focarmos as transmissões como essas das noites de domingo.

A pluralidade de "canais" (mais de uma dezena, em Nova York) que concorrem entre si abre um leque de possibilidades, para o bem ou para o mal, e não é óbvio que a moeda

---

(*) Referência a um programa de rádio italiano longevo (durou quase cinquenta anos), *Il Convegno dei Cinque*, no qual cinco personalidades de destaque discutiam a respeito de determinado assunto. (N. E.)

ruim sempre afugente a boa. Por exemplo: um canal está levando um programa diário, *The Play of the Week*. Durante uma semana, ele reprisa toda noite uma peça teatral famosa, de modo que o maior número possível de espectadores assista. A iniciativa desperta ceticismo ("Não terá audiência"), protestos ("Concorre com os teatros!"); no entanto, faz sucesso, e durante a semana, se não for numa noite, será em outra, todos querem ver *The Play of the Week*; nota-se um redespertar do interesse pelo teatro, pessoas que jamais assistiram a uma peça começam a tomar gosto pelo espetáculo. Mas os organizadores impuseram uma condição: o programa não pode ter as interrupções para os anúncios comerciais, caso único em toda a rede. Também por isso, o público aprecia. Mas não basta para que o canal consiga cobrir as despesas. Sem publicidade não se pode fazer nada, e *The Play of the Week* é suspenso. Críticas nos jornais, reclamações, e uma grande companhia petrolífera faz bonito: compra o programa e o transmitirá em seu nome, mas comprometendo-se em não inserir comerciais.

A melhor maneira de a televisão exercer influência sobre os costumes americanos, porém, é por meio das discussões, debates e conferência de imprensa. Fala-se muito que um dos problemas é que os telespectadores diante da tela não conversam mais, não discutem. Na verdade, esse gosto pela discussão na América é tão escasso que, pelo contrário, é exatamente a tevê que pode vir a criá-lo e conduzi-lo a certo nível. Um desses programas de debates entre personalidades variadas, sobre assuntos diversos (*Open End*), só termina quando a discussão acaba, e pode se prolongar até as duas da manhã. Na sequência, as pessoas o comentam ao longo de toda a semana. É verdade que esses debates sempre serão superficiais e evitarão os problemas verdadeiros. Mas bastaria ensinar aos telespectadores a atitude crítica e problematizadora com que se pode avaliar qualquer aspecto da realidade, a técnica do debate e a contraposição dos pontos de vista, e já seria uma tarefa cultural por excelência. É aí que os grandes meios de difusão podem ter uma função, com eficácia ainda maior do que por iniciativas de informação divulgadora ou de educação estética.

"CULTURA DE MASSAS"

Nunca quis me envolver totalmente na polêmica da "cultura de massas", a "indústria cultural", contra os aspectos da vida associativa das grandes cidades industriais. A polêmica tem sólidos elementos de verdade, mas, se adotada como principal critério ideológico, induz a ver sob uma luz irremediavelmente negativa o rosto de uma sociedade caracterizada pelo desenvolvimento da técnica, da produção, do consumo, da comunicação, e a lamentar o fim de um estado de isolamento humanista de uma pequena minoria e de rústica simplicidade folclórica da grande maioria. Atitudes vãs, até mais que reacionárias. O problema de hoje é como tornar a riqueza de meios oferecidos pela sociedade industrial a mais favorável possível para um desenvolvimento integral da civilização humana. Se começarmos a dizer que a humanidade está destinada à idiotia por causa da televisão, da propaganda, dos eletrodomésticos, acabaremos concluindo que a humanidade estava mais próxima da sabedoria e da graça quando havia o vigário da aldeia em vez da televisão, a superstição em vez da propaganda, o urinol em vez dos eletrodomésticos. Os perigos da imbecilização, do empobrecimento moral, da morte espiritual sempre estão presentes, em qualquer estágio da história humana. Trata-se de desenvolver o máximo de liberdade e de consciência com base no nível técnico de cada época, usufruindo ao máximo os meios mais avançados sem se tornar escravo deles, dando à sociedade a estrutura mais compatível com o estágio a que chegaram os meios de produção.

É com este espírito que quero interrogar a América: não

tanto para fazer a crítica da "cultura de massas", que já foi feita exaustivamente, mas para ver o novo que pode nascer. Esboço meu ponto de vista ao amigo M. "A 'cultura de massas' não é um fato novo para o 'homem de massas', que sempre a teve", ele me diz, "mas é um perigo para o intelectual. A capacidade de pensar diminui: a América corre o risco de se tornar um corpo acéfalo."

O CONSUMO DOS CLÁSSICOS

Nos postos das autoestradas, típico lugar americano, os bares também vendem livros. Ao lado do balcão de qualquer *cafeteria* ou do mostruário de balas há o expositor giratório dos *paperbacks* (termo que poderia ser traduzido por "capa mole", que diferencia as edições econômicas em brochura dos livros costurados e encadernados em capa dura de tecido). Faz alguns anos que os *paperbacks* não se resumem apenas a romances policiais, *westerns* ou eróticos, incluindo também livros de história, filosofia, clássicos e alta literatura, e se encontram por toda parte, em meio ou ao lado da produção editorial mais comercial, mesmo nas *drugstores* dos lugares mais remotos.

Aqui é um país que parece muito ocupado fazendo de tudo, menos ler, e no entanto lê muitíssimo. E é um país que parece ocupado em ler de tudo, menos coisas boas, e no entanto lê também muitas coisas boas, muitas vezes por engano e algumas vezes de propósito, sobretudo se são livrinhos pequenos, que cabem no bolso. Talvez daqui a uma década seja possível começar a ver o que sairá disso.

No fundo, são duas as coisas que veremos no mundo daqui a algum tempo (por ora, parece que não se veem muito). O que sairá da União Soviética, esse país sem distrações, onde as pessoas, não dispondo de livros policiais nem de revistas sensacionalistas, leem e releem os clássicos, até mesmo no bonde.

■ *ITALO CALVINO*

E o que sairá dos Estados Unidos, esse país de pura distração, onde, no turbilhão incessante do papel impresso e ilustrado, as máquinas tipográficas, só para não ficar paradas, são até capazes de imprimir obras de cultura, e os leitores, só para ter algo diante da vista como *chewing-gums* dentro da boca, são até capazes de lê-las.

A FRIVOLIDADE ESTÁ EM BAIXA?

Contra as profecias dos mais severos críticos da "cultura de massas", o nível de demanda do público médio tende sempre a se elevar. Disso nasce aquele tom *middlebrow*, isto é, de gosto intelectual médio, alvo favorito das farpas dos refinados. Autores, estilos, valores, problemas que até ontem eram considerados "para poucos" tornam-se pasto das multidões de um ano para outro, e a pátina luzidia da comercialização incorpora novos territórios e assume formas mais pretensiosas. Os refinados, os *highbrows*, torcem o nariz e já olham com nostálgica satisfação para os gostos baixos dos produtos da "indústria cultural" mais popular e grosseira, como se se tratasse de um folclore poético, transbordante de espontaneidade e lirismo.

De fato, a cultura *middlebrow* sempre teve tradição na América (como exemplo, cita-se com frequência, em sentido tanto positivo quanto negativo, o *Saturday Review*). E se o nivelamento cultural na sociedade industrial for necessário, sem dúvida é melhor que ocorra com o mais alto grau de informação e largueza de visão.

Um exemplo curioso é como agora o tom *middlebrow* também se apodera de uma revista "para homens", famosa pelas fotos coloridas de mulheres nuas: a *Playboy*. Ela dedica a assuntos frívolos e frequentemente ousados um cuidado editorial e jornalístico-informativo que a diferença de publicações similares e muitas vezes apresenta colaborações literárias de primeira linha. Mas agora os seguidores da *Playboy* estão alarmados: a revista começou a publicar artigos contra o armamento nuclear. O que está acontecendo? Ela também vai enveredar pelo caminho do debate de ideias, da política, das discussões intelectuais? Para dizer a verdade, não são os verdadeiros leitores da *Playboy* que protestam; a revista segue fielmente a evolução das demandas de seu público; pelo contrário, é o público *highbrow* que gostaria que a *Playboy* continuasse a se caracterizar exclusivamente por sua saudável e vulgar futilidade. Já ocorreu o mesmo com a *Esquire*, que começou como a revista mais frívola dos Estados Unidos e agora representa aos olhos do grande público a revista literária "de estilo" e refinada. Onde iremos parar?

UMA MASSA DE ELITE

Apenas aos poucos vamos percebendo as maiores diferenças em relação à vida na Europa. Uma das coisas mais estranhas, e da qual ainda não havia me dado conta, é a seguinte: entre o pessoal de Nova York que frequento, ninguém vai ao cinema, nunca. De minha parte, não vou porque acho mais instrutivo passar a noite conhecendo pessoas, conversando, mas agora percebo que nunca encontro quem tenha ido recentemente ao cinema e que fale sobre filmes.

Sim, para dizer a verdade, até vão assistir aos filmes italianos e franceses e aos de Bergman que passam nos pequenos cinemas intelectuais do Greenwich Village, mas o cinema americano é completamente ignorado. Conheço também quem costuma ir à tarde ao Museum of Modern Art, onde passam diariamente filmes antigos de cinemateca, com entrada franca para os sócios. Mas aos cinemas de verdade, aos cinemas mesmo, ninguém vai; refiro-me aos grandes, que aliás são raros na Broadway e proximidades, e um filme fica em cartaz por três ou quatro meses e assim, por exemplo, o hábito de algumas

■ ITALO CALVINO

pessoas na Itália de assistir a um filme por noite seria impraticável nos Estados Unidos.

Só uma vez fui assistir a um filme americano: *A hora final*, aquele com Ava Gardner, sobre o fim do mundo depois de uma explosão atômica. Fiquei interessado por causa do tema e também porque era o único filme com propaganda em Nova York (os cartazes de filmes nos Estados Unidos são raríssimos). Não gostei, mas queria discuti-lo com alguém; pois bem, até agora não consegui encontrar ninguém que o tenha visto ou se disponha a vê-lo, ou que ao menos tenha pensado em vê-lo.

Vocês dirão que frequento somente pessoas *highbrow*, intelectuais, mas não é verdade; frequento as pessoas normais de Nova York, de todos os tipos. Mas cabe dizer que Manhattan é uma ilha especial, cujas atividades econômicas são as editoriais, os jornais, os espetáculos, a moda, as *public relations* e os *advertisements* de todas as grandes empresas americanas. E os advogados que cuidam dos impostos ou dos direitos autorais. E os agentes (literários, teatrais ou publicitários), que compõem a categoria mais difundida, uma verdadeira massa, como os metalúrgicos num centro industrial. (Há também agentes para quem quer encontrar um agente.) Disso resulta um fenômeno que não sei se os sociólogos já analisaram: a indústria cultural cria enormes concentrações de trabalhadores intelectuais, os quais produzem cultura de massa, mas não a consomem; assim, entre essas massas de intelectuais (intelectuais médios: são em grande parte moças e rapazes recém-saídos do *college*) a demanda "de massa" é pelos produtos de cultura "de elite".

Mas quem são, então, os espectadores dos filmes americanos nos Estados Unidos? Nos bairros portorriquenhos em geral existem cinemas, com cartazes em espanhol e filmes dublados em espanhol, e os negros e os italianos também vão ao cinema, imagino. Mas são camadas da população com as quais é difícil entrar em contato: não consigo captar o sentido da importância do cinema nos Estados Unidos de hoje.

A linguagem dos filmes, que já pareceu se tornar a unificadora dos diversos níveis culturais da sociedade moderna, por um lado se intelectualiza, situando-se no plano das artes cultas, e por outro fica relegada à esfera do folclore, acessível apenas pelas pesquisas de sociólogos e etnógrafos.

FÉRIAS NA URSS

Pode-se dizer que quase toda noite encontro alguém que acaba de voltar da União Soviética, ou que pretende ir ou está preparando uma viagem para o próximo verão e coleta informações de quem já esteve lá. São homens de negócio, escritores, senhoras, cientistas, jornalistas; vão em missões oficiais, em viagens de turismo, de estudos, de caça a ursos, para comprar ou vender. Desde que voltou a ser possível certo intercâmbio entre os dois países, ver com os próprios olhos o grande antagonista passou a ser uma das maiores paixões dos americanos (de certo nível social e cultural, entende-se).

Os objetos, as roupas, os presentes que vêm da Rússia somam-se, na casa do intelectual americano, ao típico sortimento de artigos mexicanos. No apartamento de uma especialista de *public relations*, que regressou de uma viagem a Moscou paga por alguns empresários, vi sete ícones antigos, um mais bonito do que o outro, e com aparência de autênticos: mas dizem que agora surgiu em Moscou, justamente para desfrute dos americanos, um comércio semiclandestino de ícones falsos.

Qual é a atitude desses visitantes americanos perante a URSS? De curiosidade, de busca de objetividade, de irônico espanto diante dos aspectos mais paradoxais de um sistema tão diferente do deles. Aparentemente conservam a mesma posição antissoviética decidida e radical, mas ela se desmistifica, perde o aspecto abstratamente teológico dominante na imprensa e nos discursos oficiais, e se concentra numa realidade viva e cotidiana.

Mas, em geral, a União Soviética continua a ser objeto de um conhecimento anedótico, externo, marginal, tanto nas avaliações positivas quanto nas posições de crítica e aversão. A *forma mentis* americana não é levada a raciocinar em termos históricos nem a identificar momentos-chave da história da humanidade em países, regiões ou homens. Aquilo que a Revolução Soviética pode representar como abertura de perspectivas históricas aos olhos de milhões de homens é, por assim dizer, incompreensível para os americanos.

MACARTISMO CANSADO

Mr. M. está com um problema. Ele publica um boletim sobre a atividade das Nações Unidas, dedicado exclusivamente aos documentos das sessões. O boletim registra todos os relatórios, moções e discursos, dos soviéticos também, naturalmente. Foi o que bastou para que um senador denunciasse Mr. M. ao Comitê de Atividades Antiamericanas, como propagandista de libelos comunistas. A acusação é ridícula, dificilmente terá consequências, o pano de fundo é muito claro (a mulher de Mr. M. é uma dirigente da Liga de Emancipação Negra e esse senador é do Sul, anti-integracionista furioso), mas, enquanto isso, a investigação seguirá seu curso. Mr. M. está tranquilo, mas aborrecido: certamente acabará absolvido de todas as acusações, mas, até lá, terá de se sujeitar a um processo desagradável, contratar um bom advogado que custará uma pequena fortuna. Uma dor de cabeça.

O macartismo está debilitado, mas não morto, não pode mais desencadear o terror, mas continua com sua atividade de provocar, fazer perseguições mesquinhas, alfinetar. Não mais sustentado pelo clima oficial nem pela opinião pública, mas sobrevivendo na consciência de seus executores, o macartismo faz o possível para se manter vivo, esperando a hora de voltar ao palco. Com braços já moles e lentos, como de um fantasma, ele tenta atingir os fantasmas de subversivos que não existem, sombras que escapam a seu alcance.

COMUNISMO COM K

Um visitante italiano ouve o tempo inteiro a seguinte pergunta dos americanos de cultura média: "A infiltração comunista ainda é forte na Itália?", e quando você explica que, enquanto pensarem que o comunismo é uma "infiltração", não entenderão nada do que acontece no mundo, parece que você está falando de coisas sobre as quais eles nunca haviam pensado.

Há um senador que começou uma campanha para que se escreva a palavra *communism* com a letra K: *kommunism*, para deixar bem claro que é uma coisa estrangeira e odiosa. Poderíamos dizer que, desde que o mundo é mundo, sempre existiu certa cota de imbecis em todas as classes dirigentes, mas que a iniciativa desse senador não seja imediatamente coberta de ridículo, pelo contrário, seja endossada — sem entusiasmo, mas com objetividade — mesmo pelos jornais mais sérios, é um sintoma que, unido a muitos outros, pode ajudar a compreender a sucessão de derrotas americanas na política externa.

A debilidade americana, hoje, não é uma questão de combustível atômico para os *sputniks*; é uma questão de inteligência para entender os problemas mundiais. A Guerra Fria, com aqueles doze anos de política fundada nas relações de força, foi deletéria para o desenvolvimento da inteligência tanto dos soviéticos como dos americanos. Agora ambos tentam recuperar esses atrasos de desenvolvimento mental, mas, assim como o atraso era desigual, da mesma forma as recuperações são desiguais: os soviéticos entendem e talvez jamais tenham deixado de entender o que acontece no mundo (principalmente no mundo subdesenvolvido), enquanto os americanos deixaram de entender e parece que não o conseguem mais.

A HISTÓRIA E A GEOGRAFIA

Por que os americanos não têm senso histórico? Quando você faz essa pergunta, eles respondem: "Verdade, verdade, você tem razão", como que atingidos por um complexo de inferioridade, e depois dizem que a Europa teve a Idade Média e eles não, a Europa teve os romanos e os gregos e eles não, e se põem a invejar nossos velhos castelos e as ruínas dos aquedutos. Você tenta explicar que não é isso, que senso histórico é certa maneira de considerar o futuro, ainda mais do que o passado, mas é difícil, não nos entendemos.

O fato é que este é o país dos homens que escolheram a geografia, e não a história. Mais de três séculos atrás, a América foi uma solução geográfica para homens (massas ou indivíduos) que se encontravam diante de problemas históricos em seus países de origem. Os Pais Peregrinos e todos os *settlers* puritanos dos séculos XVII e XVIII, no conflito religioso inglês, haviam escolhido a solução geográfica; não conseguindo impor a tolerância religiosa ou a vitória de suas doutrinas, mudaram de lugar. No século XIX, italianos, alemães, poloneses, russos ou irlandeses pobres, enfrentando a fome e não podendo conceber nenhuma via de desenvolvimento histórico para seus países, escolheram a solução geográfica: atravessaram o Atlântico. O mesmo vale para os judeus do império czarista e do habsbúrgico, aterrorizados pelos *pogroms*. O mesmo para os indivíduos que até hoje, perseguidos por razões políticas, raciais ou religiosas, procuram nos Estados Unidos um lugar onde não exista aquele seu problema específico.

A própria história nacional dos Estados Unidos é, em grande parte, uma busca de soluções geográficas no interior do país: seus heróis são os *pioneers*, que deslocaram a "fronteira", que procuraram em outros lugares condições de vida melhores do que as que teriam se permanecessem onde estavam, que procuraram a América dentro da própria América.

Foi aqui, inclusive, que ocorreu um fato histórico de importância mundial: a Guerra da Independência e a teorização da democracia americana; mas seu impulso de base foi a necessidade de sancionar definitivamente a separação geográfica em relação à pátria de origem. E houve também a vontade de marcar uma transição histórica com a Guerra de Secessão, passando de uma sociedade rural paternalista-escravagista para uma sociedade industrial de capitalismo em expansão e de mentalidade democrática, mas tudo acabou se reduzindo a uma vitória militar e a uma imposição econômica: sufocamento do Sul por parte do Norte industrial. Houve também a tentativa rooseveltiana de passar da fase histórica do capitalismo liberal para a de um capitalismo controlado e regulado, mas ele não conseguiu realizar uma mudança de mentalidade e dela restou apenas um conjunto de expedientes práticos para proteger a economia das crises.

Agora a geografia não oferece mais vias de desenvolvimento. Os americanos não são "imperialistas" no sentido europeu da palavra; Teddy Roosevelt foi, e sua tentativa de solução histórica também: passar para o expansionismo colonial como os europeus; mas a verdadeira "direita" americana é isolacionista, não expansionista; mesmo em época recente, em plena Guerra Fria, MacArthur logo foi retirado de campo.

A solução geográfica foi uma viagem *para* a América, feita em caráter definitivo; é inconcebível a ideia de *retornar* ao resto do mundo, é inconcebível que se viva melhor em outros lugares que não nos Estados Unidos. O indivíduo vai guerrear em outros lugares para defender a América, sua geografia, seu bem-estar ético-econômico, mas depois volta para casa.

O expansionismo americano se realiza com as mercadorias, os negócios, a zona do dólar, isso sim. É sempre a ilusão de que são as coisas, em si, que decidem. E no entanto não decidem nada, elas complicam as contradições do mundo, os problemas históricos se multiplicam. Agora os problemas da América e do mundo são uma coisa só. E a América não sabe resolvê-los. E a Europa — mesmo que soubesse — não pode.

Na Europa, antes colocam-se os problemas, depois ocorrem os fatos.

Na América, antes ocorrem os fatos, depois colocam-se os problemas.

Na Europa, os problemas sempre se colocam e nem sempre ocorrem os fatos corretos.

Na América, os fatos sempre ocorrem e nem sempre se colocam os problemas corretos.

Na Europa, dos novos fatos nascem novos problemas.

Na América, os fatos geram fatos, com os problemas recomeça-se sempre do zero; a história cultural é uma sucessão de "gerações" separadas entre si; não há "escolas" que tenham continuidade de desenvolvimento, mas camadas cronológicas: "os anos 1920", "os anos 1930", "os anos 1940".

A ANTÍTESE

Na Europa, a antítese capitalismo-socialismo modela todos os raciocínios, todos os pensamentos. A América não tem o senso da antítese: o socialismo parece apagado das consciências por um processo freudiano de remoção. O capitalismo envolve e permeia tudo. Embora a consciência intelectual seja lucidamente crítica ao apontar seus males, seus aspectos negativos, nunca há nada que se contraponha a ele, a não ser — na literatura ou na arte — uma reivindicação espiritual individualista pueril, sem linha nem perspectivas.

O mundo americano de hoje é, portanto, como horizonte ideológico-cultural, extraordinariamente unitário. Isso explica a grande possibilidade de consolidação da "indústria cultural", segura de falar uma linguagem que não é posta em discussão; coisa impensável entre nós, onde qualquer coisa que se imprima ou se difunda é formulada levando em conta — talvez até inconscientemente — as possíveis reações de quem não aceita suas premissas.

Um discurso semelhante se aplicaria também à União Soviética? Mas a unidade cultural soviética — tão mais programática, peremptória e institucionalizada — tem como pressuposto a contínua consciência da antítese, própria do mecanismo de pensamento hegeliano e depois marxista.

De fato, tanto os americanos como os soviéticos têm do "adversário" uma imagem quase sempre mitológica e mistificada, porque se limitam a vê-lo como uma força externa inimiga e puramente negativa, sem procurar entender os valores que constituem essa sua força. Mas isso não exclui que a estrutura mental dos soviéticos não possa formular uma noção dialética do adversário, ao passo que a estrutura mental americana tem mais dificuldade em formular uma noção do adversário que não seja teológica.

ARTE E ANTÍTESE

A consciência atual da inteligência americana é caracterizada por uma insatisfação indeterminada com a sociedade da mecanização e do bem-estar, e, ao mesmo tempo, por uma incapacidade ou falta de vontade de propor possíveis antíteses ou soluções.

Como essa disposição de ânimo se reflete na arte e na literatura?

O senso da antítese histórica, na arte e na literatura, desperta a imagem. O poeta contrapõe uma imagem à realidade. Essa imagem implica (mesmo quando pretende reproduzir determinado recorte da realidade escolhido como paradigmático) nova linha divisória de valores.

Uma operação dessas agora parece impossível para a consciência americana. Ela só consegue se exprimir plenamente em reações que não se cristalizam em imagens, isto é, mantêm-se na forma de grito. Por isso se destacam duas formas de expressão que permitem a máxima tensão lírico-expressionista sem propor imagens: a pintura informal e o jazz.

Assim, devem-se procurar os verdadeiros "documentos" da América atual nessas duas vertentes (aliás, muito diferentes entre si: a pintura abstrato-impressionista é carregada de um desespero demasiado cego e estridente para nos persuadir de que é justificada; o *cool jazz* é, por sua vez, uma racionalização do nervosismo atual que, eu diria, é mais fundamentada e historicamente útil, mas sempre com o risco de um virtuosismo formal).

A literatura, por seu lado, é obrigada a escolher e coordenar imagens ou talvez apenas palavras com um significado: e não consegue. Não nascem imagens-antítese, ou melhor, são todas fracas e inadequadas. Por isso, só é possível discorrer sobre a literatura americana dos últimos anos no nível da fenomenologia literária, sem chegar ao nível dos valores.

Os livros americanos mais interessantes dos anos recentes não são criações literárias, mas livros de ensaística sociológica, que descrevem criticamente aspectos novos da realidade americana, sem contrapor nenhuma possibilidade de solução. Mas toda vez que o romancista tenta uma operação paralela à da sociologia, isto é, tenta evocar uma carga poética — positiva ou negativa — para algum detalhe desse quadro, ele falha.

ARTE E SEGURANÇA

A violência, o grito, o *não* da recente pintura americana abstrato-informal (e o que pretende corresponder a ela no campo literário: o fluxo verbal da *beat generation*) serão sinais de uma situação de crise?

Eu diria que é exatamente o contrário. A sociedade americana se sente tão segura que precisa provocar artificialmente uma consciência de desespero existencial.

Já a União Soviética, que viveu por quarenta anos num

estado de tensão e insegurança, sente a necessidade de ter na arte imagens e formas reconfortantes, tradicionais, inspiradas em bons sentimentos.

VIDA DE ESCRITORES

No mundo literário de Nova York, fiz amizade em especial com um jovem escritor que parece bem típico e representativo, e que aqui chamarei de Bill Stern. (Não é que eu escolha as amizades por sua representatividade sociológica: sou amigo de Bill porque é um sujeito alegre, intelectualmente ágil, dotado ao mesmo tempo de perspicácia e clareza moral, qualidades que dificilmente se encontram juntas.)

Bill escreveu vários livros (um por ano, em média) e é bem cotado entre os nomes de sua geração. Mas os livros não garantiriam seu sustento, se não houvesse os *grants*, isto é, as bolsas de algumas fundações culturais. Ele agora espera que lhe concedam um *grant* para terminar um romance. Irá para o Arizona, ou talvez para a Califórnia. Mas não quer perder outra bolsa, de outra *foundation*, para autores teatrais, porque também pretende escrever uma peça. Terá de escolher. Com uma Guggenheim (parece-me), ele passou seis meses no Haiti, com uma Rockfeller (ou uma Ford Foundation?), viajou pela Europa.

É o melhor sistema para um escritor se sustentar; mas não é difícil encontrar uma cadeira de *writing*, ou seja, da arte de escrever, numa universidade ou num *college*: vida tranquila, poucas atividades; só é preciso se dispor a passar alguns meses num centro universitário fora de mão.

A providência nunca suficientemente louvada da legislação fiscal americana, pela qual grandes empresas e bancos podem destinar parte dos milhões que pagariam de imposto para o financiamento de fundações culturais, permite que haja uma enorme disponibilidade de verbas para a cultura. E para os escritores a luta pela vida consiste em conseguir uma bolsa

73

depois da outra. Mesmo os novatos frequentemente conseguem, mesmo aqueles que publicaram apenas uma noveleta em alguma revista ou que apresentam à *foundation* os primeiros capítulos de um romance e pedem verba para poder terminá-lo. Não são bolsas muito altas, claro, e dão apenas para o sustento; os escritores jovens sempre vivem um pouco como *bohémiens*; para usufruir do *grant*, em geral escolhem um país exótico, onde o custo de vida seja baixo ou, pelo menos, dê para andar de camiseta e sandália: Cuba, Havaí, Via Marguta [em Milão]. Há também a vantagem de entrar em contato com povos estrangeiros, que inspiram quadros coloridos da vida real: é exatamente o que é necessário para publicar em revistas de grandes tiragens e para concorrer a novos *grants*.

Aqui, ao contrário do que ocorre entre nós na Itália, nenhum escritor tem uma segunda profissão, a não ser aqueles que já ingressaram definitivamente na categoria dos professores universitários. A docência também costuma ser uma atividade temporária, um convite de uma universidade ou de um *college* para apresentar aulas ou conferências. O escritor é sempre considerado capaz de passar a terceiros os segredos de sua arte.

Disso decorre uma atmosfera ao mesmo tempo de segurança e de instabilidade na vida dos jovens autores. A escrita, desde que alcance certo nível médio, é uma profissão como outra qualquer, capaz de permitir a subsistência. Com o mecenato institucionalizado, o trabalho criativo não está livre dos cálculos econômicos, mas tampouco está vinculado a uma demanda de mercado: fica a meio caminho. Os escritores de nível médio são inúmeros e suas tiragens em todo o país não são maiores do que nossas tiragens iniciais italianas, nem muito mais rentáveis como direitos autorais.

O elemento em que se aposta é o sucesso: instituição misteriosa, sem regulamento preciso, e nunca se sabe quem ela irá favorecer.

ESCRITORES-FANTASMAS

Uma profissão nova-iorquina típica é o *ghost-writer*, o "escritor-fantasma", que escreve livros em nome de figuras famosas que não sabem escrever: confissões de atrizes ou de personalidades mundanas, memórias de campeões esportivos ou de grandes empresários, relatos de estadistas ou de generais. Você pode encontrar o poeta maldito *beat* que, para pagar suas drogas, trabalha como *ghost-writer* de um reverendo pastor em livros de sermões edificantes.

Bill Stern recebeu o minúsculo alojamento do Greenwich Village onde mora como empréstimo de um escritor mais velho, que agora está em Hollywood. Olhando os livros que o dono da casa deixou nas estantes, deve-se reconhecer que poucos merecem mais do que ele a qualificação de "escritor": escreveu absolutamente de tudo, sob os nomes mais diversos, de romances a livros sobre astronomia, sobre plásticos e memórias de um famoso músico de jazz.

Objetos mexicanos decoram os aposentos: o dono da casa morou no México e, entre suas diversas atividades, foi segurança armado de Trótski, escreveu um livro sobre essa experiência e isso lhe bastou para ser tido como especialista em coisas russas. Um produtor de cinema o chamou imediatamente a Los Angeles como consultor de um filme sobre Pedro, o Grande.

UMA FAMÍLIA TÍPICA

Bill Stern precisa ir por alguns dias a Cleveland, onde vivem seus pais, para apresentar uma conferência, e a Detroit para ver as filhas que vivem com sua ex-mulher, da qual se divorciou. Convida-me para ir junto.

Vamos a Cleveland de avião. Acolhida calorosa na casa Stern, típica família judia do Middle West. O pai de Bill, Sa-

■ *ITALO CALVINO*

muel Stern, veio da Rússia ainda jovem, com um sobrenome difícil demais que logo trocou, foi pedreiro, depois verdureiro e só após a Segunda Guerra conseguiu fazer fortuna, tornando-se um dos maiores proprietários de hotéis da cidade. Ainda vive modestamente em sua casa, com a mulher e três dos filhos. Quase todos os verões, viaja com a esposa a Israel. É americanizado e afavelmente filisteu, mas agora sente orgulho em ter um filho que é escritor conhecido e não vê nada de censurável no estilo de vida de Bill em Nova York, tão diferente do seu.

A mãe de Bill é a clássica *Good Jewish Mother*, prudente, protetora, que cuida de tudo; sua culinária, que une as tradições judaica, russa e americana do interior, se desdobra numa grande variedade de pratos e acompanhamentos, exposta na mesa numa profusão de travessas. Ali paira a satisfação do bem-estar finalmente alcançado.

Dos três irmãos de Bill, o mais velho é advogado e seu escritório fica num dos hotéis do pai; é especializado, é claro, no ramo mais procurado e lucrativo da advocacia civil: a assessoria tributária. O mais jovem ajuda o pai nos negócios. Mas o verdadeiro personagem da família, ainda mais que Bill, é Tom: trinta e cinco anos, teve muitas profissões, até operário de fábrica, mas sempre larga tudo pela metade, e agora quer ser escritor também. O pai não está contente, mas entende que ter um filho intelectual aumenta seu prestígio na comunidade e decidiu sustentá-lo por alguns anos, para que possa escrever e ver o que consegue. Mas Tom não tem a habilidade de Bill: é sossegado, desarmado, inconclusivo, anarquizante, animado por um espírito amoroso e otimista em relação à vida e, ao mesmo tempo, por uma visão crítica amarga e radical; poderia ser o poeta capaz de exprimir uma nova visão do mundo, assim como pode se tornar um provinciano patético e fracassado.

A CIDADE DESAPARECE

Vi mais "América" circulando esses dias por Cleveland e Detroit do que em dois meses em Nova York. A fórmula que eu usava como síntese de minhas primeiras impressões do país, "a América é muito pouco americanizada", começa a se revelar falsa.

Antes de mais nada, a própria ideia que eu tinha de "cidade" mudou. Você sai da estrada, procura a cidade, cadê? Desapareceu. Você pode andar de carro durante horas e não vai encontrar o que corresponderia a um centro. Sim, ainda há uma *downtown*, um centro de escritórios, mas a cidade residencial desapareceu, espalhou-se por uma superfície equivalente a uma província italiana. A *middle class* vive em casas de dois andares, espalhadas, em bairros enormes com todas as avenidas iguais. Não se pode dar um passo sem automóvel, mesmo porque não há lugar nenhum para ir. Não existem lojas do tipo tradicional; de vez em quando, no cruzamento dessas avenidas há um *shopping center*, um centro comercial onde podemos fazer compras.

Acreditávamos que nossa época fosse caracterizada pela máxima concentração urbana. No entanto, já não é mais. Estamos na fase da pulverização urbana; nossa civilização, os costumes, a mentalidade já estão mudando; o mundo superindustrializado está voltando a ser um mundo de pequenos núcleos familiares, reunidos em torno da lareira (a televisão), como apenas o mundo rural era até pouco tempo.

A ROTAÇÃO DOS BAIRROS

Os bairros pobres também são compostos de muitas casas espalhadas, com a diferença de que cada casa abriga não uma, mas duas ou três famílias, e o imóvel, geralmente de madeira, se deteriora em poucos anos, vira um *slum*. Essas casas envelhecem depressa e logo passam de mão em mão. Mas não é apenas a casa: é o bairro inteiro que muda de habitantes em cinco ou seis anos. O que era um *suburb* elegante quatro ou cinco anos atrás agora passa para a burguesia negra abastada. Os negros pobres, enquanto isso, também tiveram um avanço e foram morar nas casas de um *suburb* que, até alguns anos atrás, era povoado apenas por judeus. Agora que essa leva de judeus melhorou sua situação econômica e se mudou em massa, cada casa foi dividida em apartamentos e alugada a famílias negras. As sinagogas, ainda com os candelabros nos vitrais e nos arcos, hoje foram adaptadas como igrejas batistas. No velho bairro negro agora entraram os mexicanos, onde havia italianos agora há húngaros, mas as placas continuam as mesmas.

Quanto mais se embrenha nos bairros pobres, mais se descobre que o perpétuo movimento, razão primeira do fascínio da civilização americana, continua em operação. Não tem o rosto rosado propagandístico do *American way of life*, mas demonstra uma vitalidade mais profunda, inclusive em sua rudeza, sua sujeira, sua violência. Em centros como Cleveland ou Detroit, quem são os que chegaram por último, ainda no degrau mais baixo, entre os não assimilados? São os imigrantes internos, os *poor whites*, os "brancos pobres" do Sul que vêm em busca de trabalho nas fábricas, os últimos sobreviventes da pura classe anglo-saxã que, até data recente, eram os mais refratários ao nomadismo geral de seus compatriotas. Os filhos orgulhosos e ineptos de uma próspera sociedade decaída, que desdenhavam seus irmãos *yankees* produtivos e sem preconceitos: ei-los reduzidos a um nível econômico e cultural inferior ao de seus antigos escravos.

Com eles se encerra, trazendo em certa medida uma lição de moral, o ciclo de rotação de povos num espaço abstrato, que corresponde à cidade que se dilatou e explodiu, tal como a explosão de um corpo celeste leva à rotação dos planetas.

OS INTELECTUAIS DE PROVÍNCIA

Todas as noites vamos visitar alguém em alguma casa dos *suburbs* residenciais: famílias de professores, profissionais liberais, pintores; certa ocasião, um ex-professor de filosofia que mudou de profissão e agora apresenta músicas no rádio.

Na casa dos intelectuais de província, discutem-se as próximas eleições e a política mais do que em Nova York, acho até que se discute mais de modo geral. Em Nova York, todos já sabem tudo: fazem piadinhas, alusões, mas quase nunca se empenham em suas opiniões próprias.

Nessas discussões, as posições são variadas: na província estão os críticos mais lúcidos e amargos da vida americana, assim como, na mesma categoria de pessoas, os otimistas a todo custo, os que sentem necessidade de afirmar continuamente que tudo vai bem, que não percebem nenhuma insatisfação com a situação cultural e citam os números de universidades, teatros e bibliotecas com o mesmo entusiasmo quantitativo dos soviéticos. Em geral são pessoas estabelecidas nos Estados Unidos em data mais recente, para as quais a América ainda é uma escolha voluntária e elas precisam convencer antes a si mesmas do que aos outros. Ao conversar com elas, a reação natural é nos tornarmos hipercríticos, enquanto com os críticos a reação natural é louvarmos a civilização americana, pois muitas vezes eles subestimam seus aspectos positivos mais visíveis para nós, europeus.

A AMÉRICA FECHADA EM CASA

Em Nova York, tive a impressão de que os intelectuais nunca iam ao cinema. E aqui? Eu pensava que o interior finalmente se revelaria o reino do cinema: pelo contrário, aparecem outros hábitos, outras dificuldades, as casas longe do centro, o prazer de passar a noite em casa, o problema das crianças.

É o seguinte: as pessoas não saem à noite. Ficam vendo televisão e a televisão apresenta bons filmes, filmes americanos dos anos 1930, embora interrompidos a cada cinco minutos por anúncios de vegetais em lata e cera de chão. Como esse bloco familiar-televisivo se soma à ausência de empregadas domésticas, a América fica fechada em casa e não se sabe quando conseguirá pôr o nariz para fora. Todos têm filhos pequenos e não é fácil conseguir uma *baby-sitter*, é preciso telefonar para a agência com antecedência e o preço é alto. Parece que não existem sogras e avós morando com os jovens casais: todas as mulheres de idade vão morar em hotel. Um casal geralmente reserva uma *baby-sitter* uma ou até duas vezes por semana, mas nessas noites vão visitar os amigos, que os convidaram com antecedência. Quem mora em Nova York (se tiver reservado os lugares alguns meses antes) vai ao teatro, mas nas outras cidades as peças teatrais são raras. Isso de dizer: "O que vamos fazer hoje à noite? Vamos ao cinema? Veja que filme está passando!", é coisa que não existe nos Estados Unidos.

PATERNALISMO

O Karamu de Cleveland é um centro comunitário fundado cerca de trinta anos atrás, para promover atividades culturais comuns entre brancos e negros. Assemelha-se às "casas de cultura" da União Soviética: um grande edifício com teatros, exposições de arte e artesanato, museus de cultura africana, salas onde vejo jovens negros passando a noite tendo aulas de química ou biologia. A arquitetura e o gosto das decorações e equipamentos são de primeira ordem. O teatro apresenta peças em que negros e brancos podem trabalhar juntos. Os atores são diletantes ou profissionais que se apresentam gratuitamente.

Assisto aos ensaios de uma peça inédita de autor negro que será encenada amanhã. Mas, se me parecia um clima de vanguarda esclarecida, logo caio numa atmosfera diferente: a peça é uma história sentimental e edificante, de um liberalismo moderado com tema racial. Lembro de uma que vi em Moscou nove anos atrás, no teatro Komsomol: lá também vigorava uma concepção pedagógico-sentimental semelhante, levemente parecida com um teatrinho paroquial. Mas aqui há uma inclinação paternalista que me provoca especial desconforto.

Agora o Karamu, com todo o seu estilo, organização, cuidado e riqueza de meios, começa a me parecer o templo de um paternalismo sufocante. Folheio a programação de uma série de conferências políticas: é propaganda governamental, com tom oficial e axiomático.

A MORTE DO RADICAL

Morreu um velho jornalista *liberal* de Cleveland. Era muito estimado pelas famílias judias da cidade devido a suas campanhas contra o antissemitismo. O jornal que abrigava suas *columns* lhe dava plena liberdade de expressão, embora — como quase todos os jornais do interior — fosse um órgão conservador e isolacionista. Leio seu último artigo, sobre o reaparecimento das suásticas na Alemanha: uma ardorosa retórica democrática oitocentista. Bill, que era amigo dele, foi ao enterro e me conta. O velho jornalista era quacre, mas na cerimônia pronunciaram-se rabinos e pastores de todas as igrejas, brancos e negros. Ex-alcoólatra, curando-se com muito esforço e grande força de vontade, ele era um dos líderes dos Alcoólicos Anônimos, sociedade de auxílio mútuo entre alcoólatras crônicos. No enterro, entre o rosto dos eclesiásticos pálidos e dos intelectuais negros, despontava o rosto vermelho dos beberrões.

UM BAR

Esperando Bill, que foi ao enterro do jornalista, sento num bar de atmosfera um pouco escusa numa rua popular. Os fregueses no balcão são homenzarrões de boné com viseira e mulheres maduras e vulgares. Um deles põe um tango no jukebox e dança com uma das mulheres. Aqui está uma América que não é fácil ver em Nova York: aqueles que para nós são os símbolos da americanização — como os fliperamas e os tiros ao alvo eletrônicos — correspondem à América mais interiorana e proletária.

No banheiro do bar, tento decifrar uma frase escrita à mão na parede. Não é a típica obscenidade: é uma invectiva racista contra os negros e os *cucarachas* (isto é, os latino-americanos). Bill volta e me explica que essa área é habitada por "brancos pobres" do Sul (Virgínia, Geórgia, as zonas do fanatismo racista) que vieram para cá para trabalhar nas fábricas de automóveis.

CONFERÊNCIA NO TEMPLO

A conferência de Bill é no templo *conservative*. As igrejas dos judeus americanos se dividem em sinagogas (do culto considerado "ortodoxo"), templos "reformados" e templos "conservadores". Os "ortodoxos" observam escrupulosamente os ritos e proibições da tradição, os "reformados", em comparação aos primeiros, constituem uma espécie de protestantismo, uma adaptação da religiosidade judaica ao modo de vida americano, enquanto os chamados "conservadores" são uma via intermediária que concilia alguns aspectos formais da tradição com uma mentalidade moderna esclarecida.

Nas noites de sexta-feira, no meio do culto que marca o início do sábado, esse templo costuma apresentar uma conferência cultural para reavivar o interesse dos fiéis. Foi Stern pai quem organizou a conferência de Bill, que marca a primeira consagração do filho como figura cultural local, e é um reconhecimento do prestígio dele, Samuel Stern, que recentemente foi incluído entre os notáveis da igreja.

Acompanho a família Stern em grande pompa, a senhora

Stern com uma medalha de condecoração israelense: "*Woman of Valour*". Os filhos, mesmo os mais céticos, ficam contentes com a satisfação dos pais. Como todos os fiéis, eu também estou com uma *yarmulka*, o solidéu negro, e leio no hinário os versículos dos salmos, unindo-me ao coro dos fiéis em resposta aos versículos lidos pelo rabino. Entre os hinos do livrinho há *America*, o conhecido hino patriótico. Num dos lados do altar está a bandeira dos Estados Unidos, como ocorre sempre em todas as igrejas, e do outro lado está a bandeira de Israel. O rabino usa uma toga negra e paramentos brancos, mas, à diferença dos "ortodoxos", está de barba feita. Há um magnífico cantor que se parece com Mischa Auer, e canta acompanhado por um órgão, que é uma inovação em relação à ortodoxia. No estrado, há dois rapazes da escola rabínica com paramentos sacros e moças vestidas a passeio (outra inovação), que se alternam com o rabino e o cantor na leitura dos salmos.

Na metade do ofício, depois de celebrar os membros da comunidade falecidos durante a semana (e também o jornalista radical amigo), o rabino passa a palavra a Bill. O tema escolhido por Bill é *Os beatniks*, que nos convites foi corrigido para *Os beatniks e a fé*. Mas Bill nem toca no tema da fé; descreve os hábitos da nova geração do Greenwich Village, a paixão pelas drogas e o desregramento sexual, e sustenta que seu ideal de *keeping cool*, de indiferença, deriva da perda dos ideais políticos e sociais que foram característicos da cultura americana antes da guerra. Usa diversas vezes a expressão *making love* em lugar do termo bíblico *fornication*, o que leva alguns fiéis a se queixarem ao rabino. Mas, no resto, o clima é de absoluta liberalidade.

Terminada a conferência, retoma-se o culto e o rabino chama Stern pai para abrir a cortina da Arca.

As pessoas se aglomeram para congratular os velhos Stern radiantes e os filhos que sorriem acanhados. Eu também, tomado por um dos irmãos Stern, recebo minha parcela de congratulações.

■ ITALO CALVINO

NO AUTOMÓVEL

Parto de automóvel para Detroit, com William e Thomas Stern. Ao longo de um trecho eu me coloco ao volante, dirigindo pela primeira vez numa estrada americana, e registro as primeiras novas experiências: a ultrapassagem pela direita ou pela esquerda, indiferentemente, mas o cuidado em mudar de faixa, a simplificação da direção com o câmbio automático, o controle dos excessos de velocidade pelos radares da polícia.

Minha primeira impressão de que "a América não é americanizada" se enriquece com novas variações sobre o tema: são raríssimos, por exemplo, os *outdoors* nas autoestradas (e aqui não deturpariam nenhuma paisagem), nos postos de gasolina quase nunca vejo os nomes das marcas famosas que, para nós, são identificadas com a América (isso porque as grandes empresas estão presentes nos diversos estados com nomes de submarcas locais, desconhecidos para mim).

Também sobre a "cidade que desaparece", novos dados: agora a estrada não se interrompe na entrada da cidade: penetra, estripa, domina a cidade. As *throughways*, as vias expressas, mudam a fisionomia da cidade, deslocam todas as suas relações, põem em comunicação bairros distantes e isolam pontos muito próximos. Não se percorre mais o caminho entre casa e escritório pelo labirinto das ruas urbanas, mas toma-se um velocíssimo canal cortado no meio da cidade, de onde não se enxerga mais nada da cidade.

COR ESTACIONAMENTO

A cor da América, aquela realmente sua, inconfundível, única no mundo, é a cor do estacionamento: uma mistura especial de azul, cinzento, rosa e verde-claro, isto é, as cores pastel da vastidão de automóveis debaixo do sol, aos pés das

fábricas e das áreas de escritórios. Essa cor, tão logo saímos de Nova York, acompanha-nos por todo o país, principal elemento unificador de incontáveis paisagens. (Uma unificação decretada pela indústria automobilística, que há alguns anos mostra preferência pelas carrocerias de cores claras e esmaecidas, e que pode mudar de repente de um ano para o outro.)
No campo nu, onde o quadrilátero de uma fábrica se eleva como uma antiga cidade fortificada, os milhares de carros estacionados quase parecem um jardim, um repousante tapete de nuvens. É a cor soporífera e esmaecida da *prosperity*, que acompanha e suaviza as linhas enérgicas e funcionais das carrocerias.

AS FEIRAS DE CARROS

Um colorido mais vistoso domina as lojas de carros usados, elas também imensas e espalhadas por todo o país, milhares ladeando as estradas principais de todas as cidades médias e pequenas. Aqui começam a se enfileirar os modelos e cores que saíram de moda, a lataria já fosca e também os amassados, os riscos. Os carros estão alinhados sob guirlandas de bandeirinhas coloridas, parecendo uma feira de cavalos. Em cima de cada carro, há um cartaz com números garrafais que indicam não o preço, mas o tamanho do desconto. A grande corrida para a compra e ascensão social anuncia-se nesse desfraldamento de feira ao ar livre, quase circense, mas o efeito não é festivo: é desolado, é a monotonia dos pequenos centros ao longo das estradas, com sua ostentação de euforia comercial.

O REINO DA FERRUGEM

No degrau mais baixo, o reino do enferrujado, da lataria plúmbea: os cemitérios de carros, tempestuosos mares de su-

■ *ITALO CALVINO*

cata. Ali recomeça o ciclo: do mundo aflito para comprar coisas novas e jogar fora coisas velhas, passa-se ao mundo que recolhe tudo o que foi jogado fora, revende-o, recompra-o, reabsorve-o na moenda da produção e do consumo.

NATUREZA E HISTÓRIA

A paisagem que vemos, com bosques jovens, é o terceiro tempo da natureza americana. Antes havia a floresta original, na época dos índios. Depois o avanço dos agricultores-pioneiros destruiu a floresta e espalhou os campos cultivados por todo o território. Agora a agricultura está concentrada nos estados do *corn-belt* e em outras zonas de agricultura intensiva: aqui a planície voltou a se cobrir de bosques e prados, mas é uma paisagem frágil, um pouco desbotada e insípida, uma natureza que não é mais a antagonista do homem, mas um resultado do homem, um capítulo de sua história. E essa natureza humanizada parece mais distante e incomunicável do que a natureza inimiga.

(*Nota posterior.* No West, no South West, vejo o que é a natureza imensa, os bosques de sequoias enormes, os *canyons*, o deserto, as florestas petrificadas. É uma natureza tão além da escala humana que qualquer relação com ela, mesmo de luta, parece impossível. A impressão que tive no Norte, de uma natureza que passou a fazer parte da história, aqui cede lugar à imagem mais tradicional da imensidão dos espetáculos naturais desse continente: mas esta também é uma imagem de incomunicabilidade. Ambas estão distantes do homem: a natureza intocada e a natureza inteiramente absorvida pelo tempo humano.)

OS MUSEUS MARCIANOS

O resultado mais visível do sistema de direcionar uma parte do pagamento de impostos para iniciativas culturais (comprando quadros para os museus ou livros para as bibliotecas, financiando institutos científicos ou teatros experimentais, concedendo bolsas de estudo a escritores ou a filósofos) é um florescimento de museus nas localidades mais improváveis.

O mais americano dos museus é o Cloisters, em Nova York: americano no sentido de que somente aqui poderia surgir a ideia de construir um edifício com partes de conventos espanhóis, castelos do Loire, vitrais de catedrais góticas, claustros, tumbas, colunas, todas elas coisas "autênticas", trazidas da Europa. Um concentrado de passado, de tudo o que a América não teve e que agora, por um milagre financeiro, fiscal e organizativo, recebe de repente.

(Penso nos problemas que terão as primeiras gerações de colonizadores de Marte, ao olharem em torno de si numa situação de bem-estar: como vão reconstruir uma continuidade da história da Terra, o que farão para que os séculos vividos por seus antepassados no antigo planeta não caiam no esquecimento e na incompreensão.)

No extremo oposto, igualmente americano é o museu Guggenheim de Nova York, com projeto de F. L. Wright: um gigantesco parafuso ou eixo para torno, encimado por uma cúpula de vidro; dentro, eleva-se uma única balaustrada em espiral de cujas paredes despontam braços de ferro que sustentam os quadros da mais famosa coleção de arte de vanguarda.

Os centros industriais do Middle West têm museus muito bonitos, e um dos mais ricos fica numa pequena cidade metalúrgica de Ohio, cujo nome já indica uma nostalgia europeizante: Toledo.

Mas o mais curioso são as novidades técnicas postas a serviço da arte. No museu de Cleveland, não há guardas e sim uma câmera de tevê no teto, que gira por toda a sala vigiando os visitantes. Apenas um guarda, sentado em sua cabine diante de um sistema de monitores múltiplos, pode vigiar o museu inteiro.

No museu de Detroit, os guias foram substituídos por um sistema de estações de rádio em baixa frequência. Por 25 *cents*, pode-se alugar uma caixinha de papelão que se encosta ao ouvido, e em cada sala há uma pequena transmissora oculta, com um disco que só pode ser ouvido por quem tem o transístor no ouvido, que diz: "Quadro número 58, Courbet, *Paisagem romana*: observe as luzes do entardecer nos espaldões do Tibre... etc. Quadro número 59, Delacroix, *Mulheres argelinas*: este quadro foi pintado durante a estada do autor...".

A PAISAGEM E OS AUTOMÓVEIS

Acabo sempre passando às pressas pelas salas de arte americana dos museus, mas devo dizer que esses pintores do final do século XIX e dos primeiros quarenta anos de nosso século tiveram uma função: fixar e definir a paisagem da vida americana, tanto rural quanto urbana, isto é, subtrair ao anonimato e ao prosaísmo aspectos do mundo que são anônimos e prosaicos por definição. "Vejo" certas ruas desoladas, de cidades grandes ou pequenas, porque aprendi a vê-las com Hopper, Sloan e tantos outros cujos nomes não lembro. Esta é uma função da pintura, não a única, certamente, mas uma das funções que a pintura tem. Ou melhor, tinha. Em certo momento, essa função de definir e comentar o mundo ao redor deixa de existir e a pintura americana se torna inteiramente abstrata.

Será que ainda pode existir um pintor que represente a paisagem viva da América atual? Vejo que imediatamente ele iria se deparar com uma dificuldade: teria de pintar automóveis. Pois os automóveis agora são parte integrante da paisagem; é inimaginável qualquer trecho do país sem o mar de tetos com lataria azul, cinza ou rosa de um estacionamento, ou sem a fila que se desenrola ininterrupta entre as faixas brancas. E até hoje nenhum pintor conseguiu pintar um automóvel sem tornar o quadro banal e desajeitado. (Ninguém no mundo: mesmo Léger, o verdadeiro grande poeta do mundo das máquinas, ao pintar um carro recorreu a modelos arcaicos e um pouco infantis; em suma, contornou o obstáculo.) Poderíamos dizer que os pintores americanos deixaram de interpretar os objetos quando perceberam que não era mais possível evitar o problema de representar automóveis. Caso se queira, podemos até criar toda uma teoria geral: o abstracionismo se impôs porque era impossível pintar paisagens com os automóveis. E enunciar também o corolário de que uma pintura interessada na forma das coisas só retornará quando nascer um gênio capaz de transformar os automóveis em formas pictóricas em seus quadros, de "inventá-los" como Giotto inventou as ovelhas e Van Gogh, as cadeiras de palha.

O MUNDO INFORMAL

Mas não é que agora os pintores "informais" não ensinem a "ver". Por exemplo, uma parede: agora vemos os descascados, arranhões e mofados de um reboco de uma nova maneira, entramos numa nova relação com eles. Percebemos melhor que estamos encerrados entre paredes do que pensávamos antes, quando tínhamos a ilusão de dispor sempre de janelas com belas paisagens à nossa frente. E no avião, olhando para baixo, o que vemos? Pollock, sempre Pollock.

AS FILHAS DO DIVORCIADO

O tribunal concedeu a Bill, recentemente divorciado, autorização para passar dois dias por mês com suas filhas, que moram com a mãe. Uma vez por mês ele vai de Nova York até Detroit, onde a ex-esposa mora com o novo marido e as meninas. As relações de Bill com a ex-esposa são tensas: Bill receia que a influência dela indisponha as meninas contra ele. Chegamos de carro, Bill, Tom e eu. Estacionamos um pouco longe. É a hora combinada, as meninas já devem estar prontas; Tom vai buscá-las, pois Bill prefere não pisar na casa da ex-esposa. Espero com ele na avenida. Estamos num daqueles bairros residenciais enormes, um parque de casas, cada qual com seu gramado e sua garagem, entre árvores altas por onde correm esquilos. Nesses bairros em geral moram casais jovens, com duas ou três crianças e um ou dois automóveis. As crianças crescem num universo de famílias iguais, que se diferenciam apenas pelo automóvel, substituído a cada ano; nunca veem pobres nem pessoas de outras classes sociais, a não ser a diarista ou o homem que vem roçar a grama.

As duas meninas, com cerca de cinco e sete anos, de tranças e vestidinho de passeio, vêm andando de mãos dadas com o tio Tom. Bill faz festa ao vê-las, mas com uma leve apreensão. Talvez as sinta pouco felizes em revê-lo, mais distantes do que no mês anterior. Mas as meninas estão alegres e tranquilas: começam a conversar com o pai como se o tivessem visto no dia anterior. As visitas paternas tornaram-se um hábito alegre, regular e totalmente normal.

Eu e Tom passeamos por Detroit e deixamos Bill, que não vê a hora de ficar sozinho com as filhas e dar vazão a todo o seu talento paterno. Um amigo lhe emprestou um apartamento vazio, onde ele e as meninas poderão brincar à vontade. Depois irá levá-las ao cinema, ao zoológico, ao parque de diversões, para tomar sorvete... À noite, o tio Tom levará as meninas de volta para a mãe e irá buscá-las outra vez na manhã seguinte.

Nos Estados Unidos os jovens se casam cedo e logo têm filhos, embora o controle natal já seja uma conquista amplamente incorporada à consciência civil e existam meios técnicos de absoluta segurança e comodidade ao alcance de todos. Talvez justamente por poderem muito bem *não* ter filhos se não quiserem, os jovens casais americanos querem tê-los e eles os têm logo depois de se casar. É uma coisa muito bonita, como tudo o que é fruto da livre escolha. Mas e se o casamento, depois de alguns anos, termina em divórcio?

Pois logo muitos desses casamentos juvenis entram em crise; os divórcios são difíceis, caros, cheios de ressentimentos e conflitos de interesses. Os filhos, nesses casos, constituem um problema muito debatido pelas pessoas, pela imprensa, pelos psicanalistas e educadores. Pelo que vi — e sem querer superestimar minhas impressões sobre um tema tão delicado —, é um problema sobretudo para os pais. Numa sociedade onde se aceita normalmente o divórcio, o fato de ser filho de divorciados já não deveria criar grandes problemas psicológicos. Para as filhas de Bill, ter um pai que vive num mundo diferente, e cujas aparições constituem verdadeiros dias de férias, é uma maneira de ter contato com outra dimensão, de viver uma experiência de complexidade e imaginação numa existência que se desenrola até simples demais e isenta de conflitos.

À noite, encontramos Bill de gatinhas no tapete se fingindo de urso, enquanto as meninas preparam uma armadilha para capturá-lo. Passou o dia no apartamento vazio, inventando brincadeiras com elas. Diz: "Minhas filhas devem se lembrar desse dia como um dia feliz".

AS CRIANÇAS CONTRA OS "PERSUASORES OCULTOS"

As meninas de Bill, na sala vazia, improvisam uma espécie de encenação: brincam de televisão. Fazem apresentações de canto ou dança; de repente param, uma delas vai até a cozinha, volta com uma lata de ervilhas, explica com o sorriso afavelmente pedagógico dos anúncios de tevê que aquela marca de ervilhas é a melhor; então retomam a representação no ponto em que haviam parado e, depois de algum tempo, param mais uma vez para nos mostrar o aspirador de pó, a garrafa de licor, o detergente.

As crianças, tranquilas, com seu espírito de paródia e ironia, defendem-se dos "persuasores ocultos" desmontando a idiotice publicitário-televisiva. Não há maneira melhor de combater o perigo e o contágio que a "civilização do consumo" dissemina entre as inteligências do que considerá-los desde a infância como objeto natural de chacota.

Eu dividiria o reino da idiotice humana em duas categorias: as idiotices patrióticas e as não patrióticas. Por patrióticas, entendo também as religiosas, as familiares, enfim, as que se valem de um respeito "sagrado" e das quais as pessoas têm medo de troçar; por não patrióticas, entendo aquelas sobre as quais é ponto pacífico exercer a crítica, a ironia, a caricatura, enfim, as que pertencem ao grande teatro do "profano". As idiotices realmente perigosas são as primeiras. A tarefa do intelectual é combatê-las sem trégua, restringir os territórios da negatividade que se fortalece com as reverências "sagradas" de qualquer tipo. Para combater as segundas, bastam as crianças.

OS TEMPLOS DO CONSUMO

A sociedade de consumo também tem seus templos: os *supermarkets*, as *department stores*. Atrás das vitrines dos *supermarkets*, pelos andares sustentados por colunas e ligados por escadas rolantes, a abundância da América está ao alcance das donas de casa. Circula-se entre as prateleiras empurrando um carrinho de metal como se fosse pelas ruas de uma cidade; em alguns *supermarkets* enormes, cada corredor entre as prateleiras tem uma placa com um nome de rua.

Nas lojas de departamentos ou *department stores*, além de objetos pequenos e grandes, inclusive *motorscooters* italianos (que custam mais do que os carros populares) e lanchas (nas cidades com lagos, como Chicago e Detroit, em janeiro fervilha o lançamento dos novos modelos de embarcações para o verão), também há à venda muitos serviços. Um dia, o *New York Times* saiu com duas páginas de propaganda da maior loja de departamentos da cidade, exemplificando todos os serviços oferecidos à clientela: desde o cerzimento de ternos ao polimento de joias e ao conserto de eletrodomésticos. Numa sociedade onde é quase impossível encontrar um artesão que possa fazer o mais simples dos trabalhos, a centralização dos serviços parece a fórmula do futuro.

Uma história da organização do consumo já poderia ser considerada uma seção obrigatória da história dos Estados Unidos. A rede de lojas de departamento mais difundida em todo o país ganhou fama com a venda pelo correio. Ela enviava seu catálogo (que agora se tornou um volume tão grande que requer um móvel especial para ele) às fazendas mais isoladas da área rural, na época em que as comunicações eram escassas e difíceis.

A honestidade nas vendas pelo correio foi o segredo do sucesso daquela empresa, numa época em que os agricultores se viam indefesos contra as fraudes postais. Contam-me um exemplo de fraude postal: um negociante desconhecido enviava às zonas rurais, pelo correio, o anúncio de móveis para dormitório, com ilustrações e tudo. O preço era razoável, o quarto parecia bonito, o *farmer* mandava o dinheiro, e o que recebia? Um pacote! Dentro dele, de fato havia a mobília de dormitório idêntica à da figura, mas era um quarto de boneca!

A relação entre fornecedor e consumidor é uma das relações sociais que sofreram mudanças mais evidentes. E o mais importante é que agora ninguém paga em dinheiro vivo. Quase todos os clientes nos *supermarkets* e nas lojas de departamentos apresentam seu *credit card* e pagam todas as compras no cartão. Todos os que contam com salário ou renda podem abrir uma linha de crédito, frequentemente superior a suas possibilidades atuais. Mas é todo o mecanismo da produção que impõe que as pessoas consumam, criem dívidas, sejam otimistas em relação ao futuro, vendam o automóvel antes de acabar de pagar as prestações e comprem um novo. A casa, agora, já é óbvio que não é o comprador que paga, mas sim o banco; afinal, para que existiria um banco, se não fosse para isso?

Será a sociedade da confiança ou da ansiedade? Uma vida

em que a pessoa consome aos quarenta anos bens que espera acabar de pagar somente aos sessenta, parece dilatada ou abreviada? Os filhos nascem destinados a trabalhar para pagar a máquina que agora lava suas fraldas, e que seus pais não conseguirão pagar porque ainda precisam pagar muitas outras coisas compradas antes...
Porém, se conseguimos nos distanciar por um instante da vertigem dessa espiral que não se sabe onde termina, vemos, na organização de produção e consumo americano, que o mundo da Utopia está próximo e é possível: o mundo em que o *credit card* não será mais o grilhão (mesmo que com correntes folgadas e elásticas) de uma dívida que irá se arrastar por toda a vida, e sim o papel que dará direito a todos os trabalhadores de dispor de todos os bens que lhes são necessários. A América, o país mais alheio aos fundamentos ideológicos dessa aspiração humana, é na verdade o país mais próximo dela como pressuposto prático. Será que então o mundo futuro, libertado das necessidades materiais, corresponderá à imagem de um *supermarket* eficiente?

O JANTAR SOLITÁRIO

A facilidade de abastecimento e uma organização avançada da produção e dos serviços reduzirão ao mínimo as operações necessárias para a sobrevivência biológica. Como se apresentará a vida média, tão simplificada?
Por ora, a imagem dos alimentos americanos, embalados para tornar o trabalho na cozinha o mais simples e previsível possível, não se associa em nossa mente a imagens de felicidade. Eis a última novidade: os *TV dinners*, jantares para os telespectadores. São caixas que trazem uma refeição já pronta e bem distribuída numa bandeja; pode-se escolher entre vários tipos de cardápio: uma figura em cores na tampa reproduz fielmente o conteúdo. Basta apenas esquentar e comer; o ideal para quem

está vendo televisão e não tem vontade de cozinhar. Pode jantar sem tirar os olhos da tela a não ser por poucos segundos.

Já podemos evocar a cena: é noite, uma mulher sozinha ou um homem sozinho no apartamento pequeno, a luz apagada, somente a televisão ligada. Acompanha o programa, a certo ponto olha o relógio, é tarde, ainda não jantou. Levanta-se, sempre com os olhos na tela, abre a geladeira, pega às apalpadelas a caixa do *TV dinner*, vai até o fogão — agora a televisão está transmitindo um comercial —, lembra-se de olhar a figura na tampa, acompanhamento de ervilhas, não: hoje prefere espinafre como acompanhamento; volta à geladeira, troca de caixa, põe para esquentar, volta à tevê no exato momento em que Perry Como reaparece: ótimo, não perdeu nada; na próxima interrupção para o comercial, irá pegar o jantar já aquecido.

A mesinha fica na frente da televisão. A bandeja está apoiada sobre um guardanapo. Não é preciso olhar no prato: já viu antes a figura na caixa. Pode comer olhando Perry Como.

A COR DA MISÉRIA

A cor da pobreza nos Estados Unidos é vermelho amarronzado, como os edifícios de tijolos dos bairros mais humildes. Ou é a pintura desbotada das casas de madeira já em péssimo estado, que são alugadas como *slums*. É pobreza no sentido europeu ou é "outra coisa"? Circulando pelas grandes cidades industriais, passamos dos aspectos de um bem-estar geral de vastas proporções para territórios onde o bem-estar parece nunca ter chegado, e onde as condições de extensas camadas populares parecem bastante miseráveis, mesmo aos olhos duramente experientes do europeu.

Entre ontem e hoje, com Tom, andei muito por Detroit, principalmente pelos bairros de *slums*, cortiços. Aqui, a recessão de 1958 parece ter deixado um rastro de desemprego e subemprego.

■ *ITALO CALVINO*

Numa cidade como Detroit, onde é gerada parte significativa da riqueza americana, há bairros cheios de lama, com casas que são pouco mais que barracos, e quando uma delas é demolida, aparecem mulheres e velhos com carrinhos de mão para pegar suas provisões de lenha para queimar. Nesses bairros da miséria, encontram-se não só as massas dos últimos a chegar (os *latins*, isto é, os imigrantes da América Latina) ou de negros, cujo avanço é mais lento e difícil: há também as levas de imigrantes europeus de cinquenta ou cem anos atrás que "não chegaram lá" e continuaram na pobreza, geração após geração, e também muitos anglo-saxões.

AS CONTRADIÇÕES DO SISTEMA

O otimismo americano é uma coisa magnífica quando não leva a afirmações sem sentido, como aquela — que se ouve de vez em quando — que sustenta que os Estados Unidos já são uma sociedade sem classes. Pelo contrário, é uma sociedade muito estratificada, com grandes disparidades na mesma área, sempre na parte do país mais próspera e industrial (não falo das contradições entre zonas e níveis produtivos diferentes, que é outro problema), e eu diria que isso corresponde a uma necessidade de sua economia: o mecanismo que tende para a produção plena e o consumo elevado aprofunda suas raízes nesse vasto território de subemprego e subconsumo, onde pode aos poucos recrutar as novas levas de trabalhadores--consumidores segundo as necessidades, mas que nunca deve se esgotar, deve continuar a se reproduzir nesse mesmo nível.

Se nos Estados Unidos às vezes você pode ser tomado pela ilusão de uma via "neocapitalista" de solução dos problemas do mundo, a realidade não tarda a lhe mostrar as "contradições do sistema". A economia capitalista, mesmo desse capitalismo que precisa produzir bem-estar, continua a não poder abrir mão da miséria: ela é a confirmação que o viajante socialista recebe da

América a cada momento, mesmo quando ele entende que, aqui, socialismo significa algo muito diferente de nossos esquemas europeus, e também algo menos transcendental, mais prático, sem grandes auras idealistas. Mesmo quando entende que a face próspera e organizada deste mundo talvez não mude muito quando se encontrar a via para transformar as grandes *corporations* em serviços públicos administrados e controlados no interesse exclusivo do trabalhador e do consumidor.

O EMPREGO GARANTIDO

A América foi, até pouco tempo atrás, uma terra de populações nômades, desde os índios nativos, os Pais Peregrinos e os escravos, até os pioneiros, os garimpeiros, os imigrantes de todas as raças. O primeiro passo obrigatório para conquistar a terra prometida, a travessia do oceano, estava muito longe de encerrar a história dos deslocamentos dentro do continente.

Agora a América está se tornando o país da estabilidade adquirida, o instinto aventureiro parece extinto, o ideal de cada um não é mais buscar fortuna, e sim lançar raízes. E o automóvel já não é a invenção que deu forma ao eterno ideal americano de movimento: pelo contrário, significa ter encontrado a terra sob os pés, o enraizamento.

A classe operária, até ontem móvel e itinerante seguindo as ondas de demanda de mão de obra, agora coloca o problema da segurança em primeiro lugar, procura garantir seu emprego. Em Detroit, depois da recessão de 1958, o fechamento de muitas fábricas durante seis meses ao ano trouxe como consequência um fenômeno novo: os operários mais velhos, aqueles com certo número de anos de *seniority*, recebem prioridade nas recontratações, isto é, têm seu lugar praticamente garantido. Isso que, para a Europa, seria uma reivindicação óbvia, aqui, onde o operário sempre foi um trabalhador temporário, significa um primeiro desmentido da regra de eterna instabilidade da vida americana.

■ *ITALO CALVINO*

OS NÔMADES PRIVILEGIADOS

Apesar disso, ainda se encontram por toda parte, dispersos aqui e ali, grupos de trabalhadores nômades viajando pelas autoestradas: são os que moram nos *trailer-parks*, isto é, nos estacionamentos para trailers. Podem ser peões de construtoras de estradas, trabalhadores agrícolas sazonais ou operários especializados para a instalação de uma nova fábrica, mas também podem ser uma mão de obra de caráter mais estável, perto de um centro industrial, para onde afluem pessoas de todos os lugares em busca de um *job*.

São vilas operárias móveis, que se parecem com nossos *campings* turísticos, mas menos improvisadas, com aspecto mais asseado e ordenado, com barracas, varandas, cercados para as crianças; são os acampamentos remanescentes de um mundo de vagabundos privilegiados.

Os verdadeiros pobres, as levas dos imigrantes que ainda não deram ou não conseguem dar o salto para o bem-estar e os que só agora iniciaram a escalada, não vivem sobre rodas; pelo contrário, procuram se enraizar no local, esperam amontoados em seus esquálidos bairros a possibilidade de se mudar para um bairro melhor, de dar o salto.

OS PROJECTS

Visitei também alguns *projects*, como na América chamam-se as moradias populares construídas pelas prefeituras e Estados para substituir os *slums*.

Já em Nova York, notei que os *projects* são muito tristes, mesmo os construídos na época de Roosevelt; são prédios de tijolos vermelhos, desolados, anônimos, em espaços desertos, parecendo prisões. Já esses *slums* de Detroit, casas de madeira podres e caindo aos pedaços, têm um sabor de vida e alegre provisoriedade, não de condenação eterna.

Senti algo semelhante nove anos atrás, vendo desaparecer a velha Moscou de madeira, com casinhas baixas que certamente eram muito mais asseadas e agradáveis do que estas. Longe de mim a tentação de esteticismos reacionários; o ideal seria encontrar soluções que adquirissem um pouco de naturalidade e individualidade.

Mas visitei em Detroit um *project* muito diferente dos outros, de grande interesse arquitetônico e urbanístico: o primeiro lote da vila de Mies van der Rohe, aquela com os grandes edifícios verticais e outros horizontais, entre a vegetação. Ela se ergue precisamente numa área antes ocupada por *slums*. Os aluguéis e o preço de venda dos apartamentos (todos estão inclinados a comprar: os bancos concedem financiamentos que são pagos aos poucos), porém, são bem altos e as moradias se destinam à *upper middle class*: profissionais liberais, diretores. (Sem discriminações raciais, em todo caso: entre os compradores há alguns negros.)

Enfim, não é a solução do problema dos casebres: os habitantes dos *slums* que são demolidos nessa zona precisam ir procurar outros *slums* em outro lugar.

IMAGENS ESQUECIDAS

Num bairro negro pobre de Detroit, reencontro a clássica visão de todas as cidades europeias e da qual quase me esquecera: as prostitutas de rua. Em Nova York, nunca vi uma prostituta na rua. Elas ficam em alguns bares, em alguns *dancings* "especializados". As prostitutas de rua existem apenas no interior, em determinados bairros. Em Nova York, por outro lado, prostitutos homens passeiam ostensivamente, nas ruas frequentadas por homossexuais.

AS LOJAS POBRES

O aspecto das lojas já define a camada social que vive naquela rua. Dobra-se uma esquina em Nova York, e tudo — a cor dos letreiros, o tamanho dos cartazes de preços, a disposição dos artigos nas vitrines — anuncia que você passou de um "mercado" para outro. Em Chicago, no bairro italiano, entrei numa grande loja: em tamanho e organização, é do mesmo tipo dos grandes magazines da Sears ou da Macy, que são os edifícios mais representativos do centro de todas as cidades americanas, só que aqui todos os produtos são de descarte, mercadorias de baixa qualidade, roupas ordinárias: uma abundância de coisas novas, na verdade, mas que só inspira um doloroso senso de penúria, mais ou menos como certas lojas de Moscou, mas com um significado totalmente diferente.

Aqui neste país, onde se deve jogar tudo fora o quanto antes para poder comprar correndo outras coisas, neste país onde não se sabe o que é remendar uma meia, onde às vezes se encontra uma cama ou uma cômoda na calçada para que o caminhão do lixo leve embora na manhã seguinte, descobre-se que existe todo um submercado onde se compram e vendem coisas que jamais se imaginaria que se comprassem e vendessem por aqui.

Não há *marché aux puces* ou Porta Portese que enfileire coisas tão miseráveis quanto as que os judeus de Orchard Street em Nova York — vestidos de preto, com barbas e cabelos compridos, sempre de chapéu na cabeça — expõem nas bancas ao longo das calçadas ou em suas lojinhas, mas é um submercado que se encontra em toda parte dos Estados Unidos, ao lado do mercado mais próspero. As duas Américas convivem: a que joga tudo fora e a que não joga nada fora.

Em Chicago, há um bairro agora mexicano que, no ano passado, era italiano. Muitos dos lojistas italianos, quando se mudaram, tinham mercadorias que não valia a pena transportar, e os mexicanos compraram as lojas com os estoques e tudo e continuam a vendê-los até se esgotar, mesmo que seu comércio fosse outro. Por exemplo, uma loja de materiais elétricos, onde tudo está escrito em espanhol, vende também molho de tomate, sobra do lojista italiano que antes estava ali; uma leiteria se vê às voltas com o problema de dar vazão a um lote de lenços quadriculados.

Para grande parte dos americanos o papel impresso é o reino do efêmero: depois de lido, joga-se fora, e isso se aplica não só às robustas revistas ilustradas, mas aos livros em edição econômica, em brochura, os *paperbacks*. Nos bairros pobres também existem livrarias que vendem *paperbacks* e revistas ilustradas de segunda mão, amarrotadas, rasgadas, e toda uma produção editorial menor, especialmente nas línguas dos imigrantes: espanhol, chinês, grego, húngaro (italiano não, pois, como língua escrita, é um tanto restrito). Algumas lojas resgatam inesperados fragmentos da tradição: no bairro grego de Chicago, vi uma lojinha que só vende bustos de Sócrates. Outra, no bairro mexicano, tornou-se consultório de uma cigana quiromante: podia-se vê-la pela vitrine, vestida de verde e vermelho, sentada à mesa e, sobre a mesa, um galo acocorado.

No coração do mundo mecanizado, aflora o fundo supersticioso das mil diferentes superstições que os povos do caldeirão americano trazem consigo. Em Detroit, numa rua popular, há uma loja de incensos. Numa vitrine mambembe, estão expostos os mais variados tipos de incenso para os diversos cultos; misturam-se incensos de magia vudu dos negros e incensos de feitiços, estatuetas católicas de santos, jogos de prestidigitação, livros sagrados, baralhos, paramentos de igreja, livros pornográficos. Etnógrafos e sociólogos teriam amplos materiais de pesquisa. Eu estava xeretando a loja com Bill, o qual, quando era operário da Ford, morou bastante tempo no bairro: tentamos dar uma espiada nos fundos da loja, mas o dono, que nos olhava desconfiado desde o início, nos expulsa de lá com maus modos. Meu amigo me diz que há um vaivém constante na loja de mulherzinhas, mexicanas, italianas, negras, mais do que

101

seus artigos modestos poderiam justificar. Ele acha que fazem elixires do amor nos fundos da loja.

HOMENS QUE SE APAGAM

Na vitrine está escrito "Sala de leitura Tomás de Aquino". Dentro, há um aquecedor e uns bancos onde se amontoa um grande número de mendigos e velhos pobres, com o rosto estuporado e inchado de beberrões. Alguns têm um jornal nas mãos, outros deixaram cair o jornal e roncam, outros ainda estão com um livro nos joelhos e as mãos estendidas para o aquecedor. A vitrine está embaçada devido à respiração. Do lado de fora, deve fazer uns dez graus abaixo de zero; estamos em Detroit, em janeiro, na rua de pior fama, onde vivem os *bums* ou *hoboes*, isto é, bêbados e vagabundos.

Todas as cidades têm uma rua que hospeda esses destroços humanos; a Bowery de Nova York continua a ser a mais conhecida, embora hoje tenha um aspecto muito mais limpo do que outrora, segundo dizem. Em todo caso, é impossível se aproximar do bairro de Bowery sem se dar conta: começamos a ver pessoas malvestidas e com a barba por fazer cambaleando à nossa volta, pedindo esmolas ou correndo até nosso carro, oferecendo-se para ajudar a estacionar, para limpar o para-brisa ou tirar a neve do capô, os pobres gestos servis que nos parecem familiares em nosso país, mas que aqui são totalmente inusitados, quase incompreensíveis.

A vida econômica dessas ruas é organizada na medida da condição humana de seus habitantes: hospedarias de preço ínfimo (na Bowery, todas pertencentes a uma mesma cadeia hoteleira), tabernas, restaurantes onde uma refeição custa poucos *cents* e onde vigora um sistema especial para salvar os alcoólatras do perigo de beber tudo o que têm nos bolsos e acabar morrendo de fome. Consiste num talão com canhotos para um determinado número de refeições; o alcoólatra, quando pode dispor de alguns dólares, compra um talão e sabe que, durante alguns dias, terá garantido aquele mínimo de alimento necessário para viver e pode tranquilamente gastar todo o resto em bebidas.

Outra atividade que encontra campo natural nas comunidades de bêbados são as organizações religiosas. O Exército da Salvação, missões de redenção e assistência das várias Igrejas mantêm albergues, sopões, salas de reunião aquecidas, salas de leitura como essa que vejo em Detroit, onde os *bums* se refugiam para escapar do frio da rua.

No inverno, o primeiro problema é o frio. Os albergues e hospedarias não permitem que seus pensionistas fiquem lá durante o dia, e muitos deles não têm abrigo mesmo durante a noite. O bairro vizinho precisa se defender dos vagabundos que tentam se enfiar em qualquer abrigo. "Temos de trancar a sala de reuniões", diz uma sindicalista de Chicago, mostrando-me a sede de sua *union*, "senão fica cheia de *hoboes* dormindo no chão". Mas muitos mendigos migram nos meses frios, escondem-se nos trens de carga com destino ao Sul, vão para a Flórida, para a Califórnia, como fazem os milionários.

O nomadismo, a vida errante, o desaparecimento na imensidão do território, que foram os mitos ativos da América que construía sua riqueza, ainda sobrevivem nesse nível de existência à deriva, como mitos passivos, de negação e rejeição.

Todos os anos desaparecem milhares de pessoas nos Estados Unidos, sem uma razão muito clara: velhos em crise de solidão, mas também homens de quarenta anos que abandonam família e emprego sem dizer uma palavra, perdem-se na Bowery dessa ou daquela cidade, tentam se apagar, se destruir na bebida. Formam como que um povo em si, com costumes próprios e bairro próprio em toda cidade, tal como os vários grupos étnicos, nacionais, religiosos. Mas aqui cada membro parece pertencer ao grupo não por uma fatalidade histórica ou social, mas por uma escolha misteriosa. A miséria humana da Bowery representa não uma tragédia social, mas a soma de inúmeras tragédias individuais. O que os une é como que o impulso de conversão, de uma obscura religião de autoanulação.

A civilização do bem-estar e do sucesso parece não conseguir produzir outra antítese a não ser esse mito do homem que rejeita todos os valores da sociedade e se abandona à miséria total e ao fracasso. O mito trágico do *bum* é alegremente arremedado pelos jovens *beatniks*, barbudos, sujos e embriagados, filhos aparentemente rebeldes da civilização do bem-estar e do sucesso, mas que na verdade vivem apenas em função dos valores dessa civilização.

PROPAGANDA

Todas as vezes que atravesso de carro o bairro negro de Chicago (triste, mas não miserável como o Harlem em Nova York), vejo um enorme *outdoor* com as figuras reluzentes e bem acabadas de um rapaz e uma moça belos e elegantes, negros e não brancos. "Ora", penso, "nunca tinha pensado nisso, mas está certo: nos bairros negros, os rostos dos anúncios de Coca-Cola também devem ser negros." Mas será mesmo um anúncio da Coca-Cola? Não traz o famoso disquinho vermelho e há algo no conjunto que não se encaixa: as duas figuras negras vestidas de negro, os rostos serenos, mas muito sérios. Nunca dá tempo de ler o texto inteiro: "*Have your best comfort...*". Passando por ali hoje, parei para olhar direito: é a propaganda de uma funerária.

CHICAGO

Começo a entender Chicago. Talvez a cidade comece a me dar medo. Enfim, começo a gostar dela. É a verdadeira cidade americana, produtiva, material, brutal, *tough*. Em nenhuma outra existe potencial tão grande de violência, uma tensão que se sente nas pessoas, nas coisas, na própria topografia. Aqui as classes se enfrentam como exércitos inimigos, de rosto aberto, como em nenhuma outra cidade dos Estados Unidos: os ricos e o mundo dos negócios na fachada de edifícios de luxo, nos arranha-céus do Magnificent Mile e nas belíssimas margens do lago, e logo atrás dessa fachada o tétrico mundo dos bairros pobres, os italianos, os poloneses, os gregos, os negros, os mexicanos. Imagino que a Chicago do verão, quando a cidade dos pobres debanda em massa atravessando a cidade dos ricos e invadindo as praias do Michigan, deve conter na vulgaridade balneária certa violência revolucionária.

Sente-se que Chicago é uma cidade ensopada de sangue: o sangue dos anarquistas mortos em 1886 em Haymarket e que o mundo inteiro, exceto os Estados Unidos, celebra a cada Primeiro de Maio, o sangue das vítimas no trabalho que irrigou a potência industrial local, o sangue dos famosos matadouros de gado, o sangue dos *gangsters*.

A era do sangue acabou: ninguém mais se lembra dos anarquistas alemães que poderiam ter dado origem a uma tradição revolucionária à medida dos Estados Unidos (folheio um velho livro sobre eles, repleto de preciosas ilustrações, um estudo com um detalhamento informativo surpreendente se pensarmos quem é o autor presunçosamente retratado no frontispício: o próprio chefe da polícia de Chicago que exterminou os revolucionários!); os operários já estão protegidos por uma legislação não casuísta que constitui uma sólida conquista sindical; o mercado de gado e os abatedouros desapareceram (a carne agora pode viajar em vagões refrigerados e por isso mais vale abater os animais nas fazendas); os *gangsters* ainda devem existir, mas há menos tiroteios (precisamente no dia em que cheguei, estourou um grave escândalo de corrupção na polícia local, mas é assunto de administração normal). Onde está, então, aquela dramaticidade que sinto pairar apenas nas lembranças?

Tento encontrá-la nas ruas, no rosto duro e vermelho dos empresários no elevador do hotel (que diferença com o rosto

■ *ITALO CALVINO*

pálido dos intelectuais de Nova York!), entre os bolos de casamento das confeitarias italianas (aquele homem de chapéu e costeletas certamente é um *gangster*!), nos clubes noturnos entre as moças decotadas e embriagadas, com vestidos de lantejoulas (a América dos filmes, finalmente!), nas grandes fotos em cores de mulheres nuas no famoso *magazine* que se publica aqui, a *Playboy*.

Sei que, quando construímos em poucos dias a imagem de uma cidade, a única coisa a fazer é ir embora o mais cedo possível, antes que se acumulem novas impressões que desmintam as primeiras. Por isso, para salvar esta Chicago, para que continue minha, sigo com pressa para o aeroporto.

PRIMEIRO BALANÇO DO AMERICAN WAY OF LIFE

Devo dizer que o *American way of life* não me desagrada, se por ele entendemos um ideal de eficiência, tanto no trabalho produtivo quanto em aproveitar a vida. O ritmo de um mundo em que todos trabalham e todos querem ser felizes é a grande realidade da América, embora na pressa nervosa das grandes cidades ele comporte uma permanente insatisfação e úlceras gástricas. Mas, para reagir a esse ritmo, o americano médio de hoje se entrincheira numa vida estritamente familiar, de casa nos subúrbios, com um bem-estar *standard* e a pretensão programática de se sentir satisfeito consigo mesmo. Esse tipo de *American way of life* me causa tédio e eu não o aguentaria nem por uma semana sequer.

AS MULHERES: AS FELIZES E AS INADAPTADAS

As mulheres costumam amar os Estados Unidos. Tanto as que nasceram aqui quanto as que se mudaram para cá; têm o caminho aberto do emprego, muitas carreiras e profissões rentá-

106

veis, igualdade com o homem, vida doméstica organizada com praticidade, variedade de divertimentos e distrações, respeito dos homens, possibilidade de serem cortejadas seguindo certas regras, de escolher e trocar de cavalheiro e marido, de nunca jantar sozinha em casa. Sentem-se bem e usufruem a América. Falo das mulheres que trabalham, de modo geral, das mulheres que têm gosto pela autonomia. Já as esposas europeias, que se estabelecem aqui com os maridos, não se sentem bem; a vida doméstica é pesada devido à escassez e ao custo de empregadas domésticas, o convívio social é pouco interessante, tudo é mais incômodo e sem graça do que em seus países. A América não lhes interessa, e ponto.

Mas mesmo entre as mulheres autônomas, trabalhadoras e completamente americanas, há aquelas para as quais a América é apenas sofrimento. São sensíveis demais para o ambiente que as cerca, ou inteligentes demais para as possibilidades de trabalho que lhes cabem, ou nervosas demais para tomar gosto pela vida, e os homens não se interessam por elas porque elas não se enquadram nos *standards* desejáveis, como a beleza ou o humor, ou são elas que os recusam por eles serem rudes, mesquinhos ou ineptos demais, ou não carregarem dentro de si nenhum demônio. Essas mulheres representam a outra face da América, negativa, pesarosa, idealista, mas sempre como que animada por uma ardente paixão terrena insaciada. São talvez as mais americanas de todas.

A CIDADE "DIFERENTE"

Ter atravessado os Estados Unidos, como se diz, "de costa a costa", ter assimilado plenamente, a ponto de considerá-las sublimes, a insipidez uniforme, a falta de personalidade e *pathos* das cidadezinhas que em vez de situadas aqui poderiam estar a mil quilômetros de distância ou em qualquer outro lugar, as casinhas baixas, as mercearias com os preços escritos em branco em enormes cartazes vermelhos, a ausência de pessoas nas ruas, pois não há nenhum lugar aonde se possa ir a pé, a ausência de paisagem das enormes planícies, em suma, ter-se acostumado a essa imagem de aplainamento físico e espiritual e de repente chegar à noite numa cidade de edifícios com aspecto opulento e de *belle époque*, construída sobre promontórios e colinas às margens de um golfo extremamente recortado, com ruas às vezes absurdamente íngremes, cortadas numa rede de paralelas e perpendiculares totalmente regular sobre um terreno muito irregular e acidentado, e, seguindo por elas, passar sem qualquer solução de continuidade do ar senhorial ao estilo de Montecarlo dos bairros de Nob Hill para um bairro chinês agitado, cheio de gente e de pequeno comércio, todo feito de lojinhas, frituras e fogos de artifício, e dali para a Columbus Avenue, semi-italiana, semi-Broadway, semi- -*beatnik*, semi-Paris (há até — o extremo do europeísmo — os cafés com mesinhas *dehors* mesmo durante o inverno), repleta de gente passeando, perambulando, se encontrando, parando, falando alto: e então entendemos por que a primeira coisa que os americanos nos perguntam é se estivemos em São Francisco, se gostamos de São Francisco, se não achamos que São Francisco é diferente de todo o resto.

    Essa primeira impressão de felicidade de São Francisco, de riqueza vital, não nos acompanhará por muito tempo; a ela se seguirá uma imagem mais esmaecida, de discrição e quase de melancolia, mas não desagradável, de jeito nenhum, talvez ainda mais peculiar e tocante. Já o Pacífico, lá na costa da Califórnia do Norte, é um mar mais báltico do que mediterrâneo, velado por uma sombra de névoa, de vapor e frio mesmo no verão. As florestas de sequoias e eucaliptos nos montes vizinhos, com sua excessiva tropicalidade, alcançam uma melancolia nórdica, aqueles locais da baía como Sausalito ou Belvedere se parecem, nas cores e nas pessoas, mais com Pallanza e Ascona do que com Santa Margherita Ligure, e se circulamos por São Francisco em qualquer noite que não seja de sexta a domingo, encontramos as ruas semidesertas e os bares fechados; ela tem um ar de cidade praiana um pouco decadente, com os chineses esqueléticos em suas ruelas, a praça com os canteiros e os bancos onde se sentam os velhos italianos; e de repente percebemos que estamos no extremo confim do mundo (se ainda imaginarmos um mundo eurocêntrico), numa Última Thule, aonde o *New York Times* chega com três dias de atraso.

Nascida como cidade do futuro após a febre do ouro, destruída pelo terremoto e imediatamente reconstruída, São Francisco conserva o clima de sua prosperidade do início do século que se modernizou defendendo-se dos aspectos mais niveladores da civilização de massa. Continua a ser, em suas camadas sociais altas e baixas, uma cidade de *élites*, a começar pelos estivadores, *élite* dos trabalhadores braçais. As velhas famílias americanas conservam a marca da civilização anglo-saxã mais do que em outras partes (basta visitar um *club* de perfeita tradição inglesa onde se preservam as relíquias dos escritores que viveram aqui: de Mark Twain a Jack London e aos dois ilustres hóspedes, Kipling e Stevenson). Os judeus têm uma aristocracia de famílias estabelecidas aqui antes da febre do ouro (e por isso nitidamente separadas da imigração posterior em massa da Europa Oriental). Os italianos são piemonteses, lígures, toscanos, exercem profissões bem definidas (somente aqui na Califórnia a agricultura se encontra em boa medida em mãos de italianos, com as famosas vinícolas); muitos deles entendem e falam italiano (enquanto os italianos que desembarcaram em Nova York não sabiam italiano ao chegar nem aprenderam inglês, e por umas duas gerações permaneceram completamente inarticulados); têm sobrenomes que é possível reconhecer (os estranhos sobrenomes ítalo-nova-iorquinos pertencem a uma Itália que jamais existiu na história), e mesmo no aspecto físico são parecidos com os italianos de hoje (ao passo que os ítalo-nova--iorquinos se parecem só com eles mesmos).

■ *ITALO CALVINO*

Os velhos bondes de cremalheira que sobem pelas ruas íngremes de São Francisco são um dos pontos altos de pateticidade nessa nação sem pathos, e o barulho da cremalheira que parece fritar nos trilhos ocultos é a marca característica da cidade, aquela que voltará à lembrança nas horas de saudade (assim como a saudade de Nova York estará ligada à imagem do vapor que sai dos bueiros de aquecimento no meio das ruas).

São Francisco seria, então, uma espécie de ilha, de câmara de conservação de uma determinada fase e atmosfera da civilização americana?

ÀS PORTAS DA ÁSIA

No entanto, segundo a opinião geral, a presença de São Francisco nos Estados Unidos é a de uma civilização viva, propulsora, anticonformista, a cidade do futuro. (E há quem se refira a ela como futura capital da nação.) Gostaria de saber se esse impulso se dá por se situar na costa do Pacífico e servir de ponte entre América e Ásia, por ser a cidade-chave de uma nova relação que agora vem se criando entre as civilizações. Mas o viajante apressado às vezes fica em dúvida se a cidade fica deste ou do outro lado do Pacífico.

O bairro de Chinatown, no coração da cidade, é o maior povoamento chinês fora da China, e creio que se pode dizer o mesmo quanto à colônia japonesa. Uma em cada três ou quatro pessoas na rua é asiática: desse ponto de vista, São Francisco se apresenta como todas as cidades do mundo se apresentarão daqui a uns cem anos, ou até menos, se a fertilidade chinesa não diminuir. E, para quem teme essa perspectiva, devo dizer objetivamente que ela não parece de forma nenhuma alarmante: uma cidade branco-amarela tem um clima de calma, compostura e asseio maior do que as cidades brancas ou branco-negras normais.

O cadinho de raças de São Francisco é, portanto, todo especial. São frequentes os casais mistos, também na classe intelectual, entre professores ou profissionais liberais, e o mais frequente é que a mulher seja de ascendência europeia e o marido de ascendência asiática. A Califórnia não tem grandes contingentes negros; a imigração de negros do Sul começou apenas com a última guerra: mais numerosos são os *indios*, aborígenes ou importados.

À noite acabo numa espelunca, frequentada por marinheiros e prostitutas: o que me atrai é a estranha mistura de povos que reina ali: é difícil diferenciar entre o chinês, o filipino, o japonês, o havaiano, o índio, o anglo-saxão, o espanhol, porque sempre há a possibilidade de uma graduação intermediária, de uma mestiçagem com três ou quatro componentes. E não há um rosto, de mulher ou de homem, que não seja inconfundível, intensamente humano, que não componha um personagem.

Mas o étnico é apenas o aspecto exterior da questão: o que mais importa é a influência que o Extremo Oriente exerce sobre os costumes e a cultura. A coisa mais fácil do mundo é pegar um avião na Califórnia e passar o *week-end* no Havaí. O Japão é destino obrigatório nas férias de verão e oferece aos moradores da West Coast a grande vantagem de ser mais próximo que a Europa. Na eterna mitologia da evasão extra-americana, os costumes asiáticos tomam o lugar que tradicionalmente era ocupado pelos cenários parisienses. (E, no caso dos americanos, estamos falando de uma Ásia que podemos dizer até mutilada de seu próprio tronco, isto é, a China). A influência do mundo oriental sobre a cultura americana de hoje mereceria um estudo mais aprofundado; a China e o Japão estão aqui igualmente presentes, como objeto de estudo, de tradução dos clássicos literários, filosóficos, religiosos, como paixão de assimilação e interpretação, que pode ser também uma moda ou uma polêmica (as práticas iogues, o budismo da *beat generation* nascida aqui em São Francisco), mas ainda assim faz parte de um aspecto significativo de nossa época.

Fazer um balanço dos elementos negativos (irracionalis-

■ *ITALO CALVINO*

mo e misticismo contra a tradição racional ocidental) e positivos de tal fenômeno equivaleria a analisar o negativo e o positivo de tudo o que as culturas do Extremo Oriente podem dar à cultura. Mas aqui quero apenas esboçar uma possibilidade que, mesmo que confusamente, caoticamente, vai se abrindo: a busca de um novo humanismo fundindo as experiências dos dois mundos e que encontraria lugar precisamente em São Francisco. Será o Pacífico o novo Mediterrâneo de uma civilização mundial futura?

O PACÍFICO

Para mim, fiel do Mediterrâneo, é difícil ganhar familiaridade com o Pacífico. Mar estrangeiro, diferente, costas escarpadas não de rocha mas de barro mole, com portos de altas paliçadas de madeira de onde pescadores chineses e sicilianos lançam seus anzóis. As ondas atiram à praia plantas marinhas lenhosas e flexíveis, em forma de chicote, com três ou quatro metros de comprimento. Sob a superfície da água e à beira-mar não há areia nem rocha; é um aglomerado poroso e respirante de organismos vivos que se estende para formar o fundo oceânico: moluscos abertos como olhos que se contraem e dilatam a cada onda...

OS ESTIVADORES ABASTADOS

Estou no porto de São Francisco. Um grande pavilhão de formato circular, com a estranha arquitetura moderna de cogumelo, abriga a sede da ILWU [International Longshore and Warehouse Union], o sindicato dos *longshoremen*, os estivadores do porto. O ILWU é a *union* da costa do Pacífico, sem nenhuma relação com os sindicatos como os do filme *Sindicato de ladrões*, que operavam e operam em Nova York; pelo contrário,

O ILWU é famoso não só por sua força trabalhista, mas também pela intransigência e incorruptibilidade com que é dirigido e porque seus líderes — caso raro entre os dirigentes sindicais americanos — têm ideias políticas e sociais não conformistas e as expressam publicamente.

Entre as Unions consideradas de esquerda, esta é a única que tem força efetiva, e seu subsecretário, Harry Bridges, entre todos os ataques, acusações, campanhas hostis, sempre conseguiu reforçar seu prestígio.

Mas se a direção do sindicato dos estivadores é politizada (entre suas campanhas está a reabertura do comércio com a China, questão capital para a atividade do porto de São Francisco), na base sua coesão está inteiramente ligada a questões salariais. Boa parte dos *longshoremen* se interessa por política não mais do que os operários americanos em geral, mas o orgulho e a adesão a seu sindicato e a combatividade nas lutas da entidade são muito grandes: a *union* lhes garante um tratamento econômico muito alto para uma mão de obra não qualificada, além de uma organização perfeita dos turnos de trabalho.

Um estivador de São Francisco ganha em média cerca de quinhentos dólares por mês; com isso, o serviço no porto é um emprego privilegiado, mesmo numa zona como a costa californiana, onde não existe desemprego nem miséria, e entende-se que haja operários especializados ou bancários que queiram se tornar estivadores e peçam para se filiar ao sindicato. No ano passado, a *union* em São Francisco recebeu mais de dez mil pedidos de inscrição e escolheu apenas setecentos membros novos. Com isso, o problema da escolha se torna muito delicado; pelo que me dizem, agora ela se baseia principalmente na força física e na idade; com efeito, os *longshoremen* são, em sua maioria, uns gigantes.

Final de tarde. Procede-se às operações para o turno da noite. No gramado em frente ao pavilhão do sindicato, todos os estivadores chegam em seus imensos automóveis de luxo, estacionam, entram na sala onde já está se reunindo uma multidão de colossos, negros e brancos (entre eles — vejo pelos nomes escritos nas tabelas — muitos são de origem escandinava), com os casacos quadriculados espalhafatosos, limpos e bem passados, que são seus uniformes de trabalho.

Assistindo ao recrutamento das equipes solicitadas pelos navios de chegada ou de partida, é como se estivéssemos no guichê de apostas de um hipódromo ou na Bolsa de Valores: números que aparecem em quadrantes luminosos, anúncios no alto-falante, folhas penduradas com os nomes dos homens, agrupados de acordo com as horas de trabalho cumpridas. A *union* sempre precisa ter as listas atualizadas dos homens por ordem de carga horária cumprida; à medida que os contratantes solicitam mão de obra, a *union* escolhe os que cumpriram menos horas. Assim, no final do ano, todos os filiados acabam tendo mais ou menos o mesmo número de horas trabalhadas.

Fiquei amigo de um velho funcionário do sindicato, que foi estivador por muitos anos e acompanhou os rumos da esquerda americana; muitos desses homens têm uma atitude característica que mescla ceticismo e obstinação, insegurança constante e secreta certeza de deter a verdade. Enquanto discorre, noto que ele alimenta um sarcasmo polêmico contra a Europa, contra o movimento operário europeu em geral. Peço-lhe que diga o que pensa.

"Com toda a sua consciência política", ele diz, "os sindicatos franceses e italianos não souberam arrancar dos patrões um décimo daquilo que as *unions* americanas conquistaram, sempre por meio de greves longas e duríssimas. De que adianta a consciência política de vocês? O operariado americano não entende nada de política, concordo; ele se move apenas pelo dinheiro, mas em suas lutas econômicas é de uma tenacidade, uma combatividade e um espírito de sacrifício que vocês europeus nem sonham."

"Vocês criam aristocracias operárias", para mim é fácil responder; "o bem-estar que os estivadores conseguiram conquistar e defender não serve para mais ninguém além deles mesmos, é uma fatia de bolo de que se apropriaram, um privilégio." Mas sei que o problema é maior. Os sindicatos têm um poder enorme nos Estados Unidos, e condicionam a vida cotidiana de uma maneira impensável entre nós. Em nosso país, porém, a ação sindical, com suas possibilidades limitadas, seus erros e suas fraquezas, traz até nas menores afirmações um espírito universal, uma reivindicação histórica que está totalmente ausente aqui. Se penso no modesto episódio de resistência sindical numa fábrica italiana de regime policialesco, ou na coragem dos organizadores sicilianos de trabalhadores braçais nas cidades da Máfia, sinto que, de alguma maneira, elas são mais importantes do que a apropriação de uma parcela do bem-estar obtida — por meios pacíficos ou pela luta sindical — pelos sindicatos americanos, mas que não trazem em si nenhum impulso moral. Porém, entendo também que, em relação a essas questões tão angustiosamente práticas, a verdadeira imoralidade é raciocinar em termos de ideais teóricos e de moralidade abstrata. Entendo que, nessa abordagem prática da mentalidade americana, baseada apenas em números e resultados, também exista uma força moral que muitas vezes não percebemos, e que o "materialismo americano", como todos os materialismos, só é possível se tiver em sua base uma sólida carga ideal.

A CASA DO PROFESSOR

Na colina verdejante de Berkeley, um dos promontórios do golfo de São Francisco, a estrada sobe em curvas fechadas entre as casas com jardins, bem cuidadas, quase todas de professores da famosa universidade estadual.

Meu anfitrião dessa noite, professor do Department of Speech (estranho ramo universitário, como se fosse uma faculdade de eloquência, mas ali ensinam de tudo e é muito difícil

■ *ITALO CALVINO*

entender para o que serve), conta que construiu sua casa, um belo sobradinho de dois andares em alvenaria e madeira, inteiramente sozinho, dos alicerces ao telhado, trabalhando como escavador, pedreiro, marceneiro, tapeceiro, eletricista, nas horas vagas do ensino. Por que tudo isso? Porque não se encontra mão de obra e, quando se encontra, é cara demais (esses sindicatos!) e, além disso, porque ele tinha gosto em fazer isso.

Muitas das casinhas ao redor foram construídas pelos proprietários-professores. (Porém não por aqueles de origem europeia que chegaram mais recentemente.)

CHESSMAN

Não se fala de outra coisa a não ser da execução de Chessman. O condenado, na tétrica ilha-prisão de Alcatraz (que se avista do suave litoral de Sausalito, baixa e fortificada no meio do golfo de São Francisco), ainda tem a esperança de uma clemência de última hora.

A imprensa de São Francisco (os jornais californianos são, em geral, péssimos) sustenta a condenação num arrogante tom polêmico. A polêmica é sobretudo contra a opinião pública dos outros estados, especialmente Nova York, que pretende "meter o nariz nos assuntos da Califórnia", que quer "criticar as leis da Califórnia". Se Chessman não escapar a seu destino, será principalmente por causa desse mesquinho e teimoso sentimento de orgulho estadual.

Na Europa, tendemos sempre a considerar os Estados Unidos como uma nação unitária; não percebemos até que ponto eles são *Estados* Unidos e como a mentalidade, a imprensa, a política, os costumes, a justiça são marcados pelo sentimento estadual em contraposição aos ordenamentos federais, com um chauvinismo de estado geralmente reacionário e sempre absurdo.

O MONUMENTO

Nas notas de viagem, a boa norma é evitar qualquer descrição de monumentos, paisagens e passeios turísticos. Mas em São Francisco existe um que precisa ser descrito. Quando passeamos por um parque nas imediações da Golden Gate, a certo ponto nos deparamos com um imenso templo grego, com muitas colunas, que se espelha num pequeno lago: uma construção de proporções enormes, em ruínas e com a vegetação infiltrada nas rachaduras, sobe pelas armações de ferro das colunas e pela brancura desbeiçada do papel machê. Sim, porque é um mausoléu de papel machê, com acabamento muito cuidadoso, construído para ser o Palace of Fine Arts da exposição pan-americana de 1915 (que acabou não se realizando).

Os folhetos turísticos levam o Palácio das Belas-Artes muito a sério, apontando-o como uma das mais belas arquiteturas neoclássicas da América, e talvez até seja verdade. Os cidadãos de São Francisco têm tal consideração por ele que, como está caindo aos pedaços, decidiram reconstruí-lo com colunas de pedra e métopas de mármore. O estado da Califórnia, a Prefeitura, a Câmara de Comércio se encarregaram de desembolsar um determinado número de milhões cada, e outros milhões serão arrecadados entre a população.

Mas o fascínio do Palácio das Belas-Artes, tal como se encontra agora, é insuperável: gigantesco cenário surrealista, contudo mais pela angústia cultural de Jorge Luís Borges do que pela angústia onírica de Salvador Dalí. Pois é também uma daquelas imagens que de repente devolvem todo o sentido de uma época: há aqui uma vertiginosa marca de cultura como deveria se afigurar no início do século aos novos milionários da costa do Pacífico. Não lembro mais quem disse que a América passa diretamente da barbárie à decadência.

■ *ITALO CALVINO*

BABBITT

O senhor que hoje me acompanha de carro para ver os arredores de São Francisco me foi apresentado como o típico americano médio. Tem um sobrenome italiano, irreconhecível na pronúncia inglesa, sua família era originária de uma cidadezinha do Piemonte (mas ele não se lembra do italiano, apenas algumas palavras em dialeto). Com cerca de cinquenta anos, tendo trabalhado o bastante para uma aposentadoria razoável, preferiu deixar seu emprego na Standard Oil e cultivar o espírito em todo o tempo livre. Escreve — sobretudo cartas aos senadores e *congressmen*. Passa o dia lendo jornais e recortando as notícias interessantes, especialmente as que se referem aos parlamentares locais, e com base nelas escreve cartas manifestando aprovação ou dando conselhos. Mas não aborda interesses econômicos específicos, como fazem os *lobbyists*, nem participa de campanhas de associações ou grupos de opinião. Nosso amigo age totalmente sozinho, segue apenas impulsos ideais e bate-se por princípios morais e educacionais.

Escreveu também um artigo, "Facing the Mirror", que foi publicado por uma revista. Um artigo de filosofia: convida os jovens a se olharem no espelho não por vaidade, mas para um exame de consciência.

Por alguns anos trabalhou num projeto próprio, a construção de um Templo da Paz e da Beleza nas encostas do monte Tamalpais que domina a baía de São Francisco (no momento leva-me para admirar esses locais, que enaltece — com um bairrismo não desprovido de fundamento — como os mais belos do mundo). O templo poderia se tornar a sede do governo mundial das Nações Unidas.

Estamos entre *Babbitt* e *Bouvard e Pécuchet*. É de rir? Não rio, de forma alguma. Esse homem, detalhista como todos os autodidatas, enfadonho, didático, com a cabeça cheia de manias, é também uma pessoa sem nenhum propósito que não seja generoso, desinteressado, moral sem carolismos, repleto de vontade de participar no bem do país. Tenho certeza de que é um homem honestíssimo, que educou muito bem seus filhos, que em política faz suas escolhas com conhecimento de causa (sempre no âmbito e no vocabulário de seu moralismo democrático americano) e com certa largueza de visão. Tenha êxito ou não nos objetivos a que se propõe (algumas de suas propostas são também modestas e práticas, mas nunca esclarece se foram levadas em consideração pelos destinatários), não manifesta amargura nem rancor, é um cidadão convencido de estar exercendo seu direito e seu dever de participar e controlar a vida pública, e o faz com um entusiasmo que não se dissocia da espontaneidade. Se ele é produto de uma sociedade, é um produto bom, um sinal daquilo que essa enorme máquina que é a América pode dar de não pior, mesmo como produção em série.

DROGA

Nestes dias, a polícia de São Francisco fez umas batidas entre os *beatniks* de North Beach para desbaratar o tráfico de *marijuana*. Por isso, na festa *beatnik* para a qual me convidaram, na casa não sei bem de quem — parece o ateliê de um pintor —, alguém precisa ficar de guarda na porta da rua, em rodízio, caso a polícia chegue.

Muitos dos participantes estão voltando do comício que os *beatniks* realizaram à tarde na praça, para protestar contra os "sistemas nazistas" e reivindicar a liberdade de comprar e vender narcóticos.

Noitada esquisita: há apenas vinho para beber, e péssimo, não há lugar para sentar, não há espaço para dançar, a música se resume a dois negros tocando tambor, aquelas duas belas mulatas, nota-se depois que são lésbicas, não se cria uma atmosfera, não se consegue conversar.

Pela sala anda como um fantasma o indefectível drogado e traficante, abotoado numa capa de chuva imunda com bolsos

■ *ITALO CALVINO*

estufados, sob a qual parece nem usar calças, com o rosto alterado e apalermado, que continua a oferecer: "Heroína... benzedrina..." no ouvido dos presentes.

VALE DA LUA

Os agricultores estão desaparecendo dos Estados Unidos. As videiras que produzem os ótimos vinhos da Califórnia estão sem vinhateiros. O problema da mão de obra aflige os proprietários. Os funcionários de uma vinícola em Sonoma, no Vale da Lua (propriedade de um banqueiro, por luxo), são franceses; podadores de Cognac, que foram trazidos para cá com altos salários.

PUBLIC RELATIONS

Estive no Vale da Lua, convidado para passar o domingo no vinhedo de Mr. H., *public relation man* de São Francisco. Apenas agora, no *bus* que me leva a Sonoma, leio a respeito das atividades de sua agência, num folheto que Mr. H. me deu uns dias atrás. Em Nova York, talvez porque se viva sempre no meio do mundo das *public relations*, não consegui fazer uma ideia clara. Talvez consiga melhor aqui. Abro o folheto e vejo uma foto de meu anfitrião ao lado do cardeal Spellman, *his good friend*, congratulando-se pela ação de *public relations* que desenvolveu no Brasil por encargo do Departamento de Estado, salvando aquele país da propaganda comunista. Leio a seguinte definição sobre o trabalho que a agência de Mr. H. desenvolve (para *corporations* privadas e ocasionalmente também para ministérios): "Um setor das *public relations* ocupa-se da criação e publicação de notícias, outro setor realiza o trabalho contrário: previne ou reduz a influência de notícias desfavoráveis".

Pronto, agora tenho aquilo que estava procurando. Finalmente tenho diante de mim o rosto do americanismo mais deslavado, cuja ingenuidade em se expor com franqueza se identifica com a prepotência e a presunção, com não conhecer e não supor nada fora de si mesmo. Nesse plano de uma grosseria propagandística até infantil, quantas vezes americanos e soviéticos empatam! E então, para o pobre europeu razoável, quanto esforço para não cair na fácil identificação entre essa insensibilidade de argumento e estilo — à qual decerto deve corresponder uma insensibilidade humana — e a realidade de uma civilização, de uma sociedade! E hoje... ufa! Que vão para diabo!

Eu previa um domingo bem duro: discussões desagradáveis, impossibilidade de entendimento, o tédio de — tendo que responder a lugares-comuns — sermos obrigados a repetir outros lugares-comuns, o desconforto que paira quando pessoas que se conhecem pouco descobrem que têm ideias irredutivelmente contrárias e não se sabe mais sobre o que conversar.

No entanto, nada disso: um domingo agradável, cordial. O *public relation man* na vida privada é pessoa sensível, pacata, tolerante, sua casa é muito original, projetada pela mulher, arquiteta, e construída por eles, cheia de objetos mexicanos raros, e uma grelha onde ele prepara um delicioso *barbecue*. E a conversa sobre as questões políticas americanas e europeias se desenvolve num nível de ponderado liberalismo e boa informação, tanto que não consigo dar vazão aos humores polêmicos que acumulei durante a leitura do folheto. Em relação à América Latina, em que meu anfitrião é especialista, lamentamos a miséria das massas, o conservadorismo de muitos governos sustentados pelos Estados Unidos, a posição retrógrada da Igreja católica... Mas também o clero dos Estados Unidos...

"*And your friend Spellman?*", pergunto-lhe.

"*Well, he is a good guy...* mas os outros..."

Sobre a Itália, espero a indefectível pergunta de todos os "americanos médios": por que há tantos comunistas na Itália.

■ *ITALO CALVINO*

Nada disso: os *public relation* têm sensibilidade e tato, passamos milagrosamente por cima de todas as frases obrigatórias, dos lugares-comuns, das generalizações irritantes. Será verdade, então, que tanto os soviéticos como os americanos mostram o pior de si na propaganda, mas depois, quando os conhecemos pessoalmente, descobrimos que são pessoas com quem sempre é possível raciocinar? Mas talvez meu gentil anfitrião estivesse a par de minhas ideias e logo encontrou o tom para estabelecer uma conversa sem atritos. Será esta, então, a finíssima argúcia dos *public relations*? Apresentar-se com o rosto mais cínico e brutal para depois nos aprisionar numa atmosfera de acordo e consenso, em que qualquer espírito de luta se apazigua?
Lá fora estão os vinhedos silenciosos, sem vivalma. Cai uma garoa fina sobre as videiras mordiscadas pelos gamos.

O ANO DO RATO

Em São Francisco, estou bem perto de Chinatown. A rua onde moro, uma ladeira íngreme no centro, torna-se completamente chinesa uns dois *blocks* acima de meu hotel: pessoas, lojas, cartazes, postes e, erguendo o olhar, também os terraços, as pérgolas, os telhados. Cheguei nos dias de festa que antecedem o Ano-Novo chinês, cheios de animação, loterias, fogos. Em 5 de fevereiro começa o Ano-Novo, que será o "ano do rato" segundo o calendário deles. As lojas, com os mais variados tipos de coisas chinesas (fabricadas no Japão), ficam abertas até tarde. Os jornaleiros vendem os jornais chineses de São Francisco e as revistas ilustradas de Hong Kong. O rosto das candidatas ao título de Miss Chinatown 1960 está exposto num grande quadro coletivo. Para arrecadar fundos, o templo budista em construção — por ora um edifício despojado e anônimo — abriga tiros ao alvo, fliperamas, bingos e vendas de bonecas e doces. Um velho em trajes multicoloridos de seda está na entrada, movendo os braços numa silenciosa dança com leques.

Muitas vezes acabo fazendo minhas refeições nos restaurantes chineses, não naqueles mais ou menos domesticados, para americanos, com os quais me acostumara em Nova York, mas nos populares, só para chineses. As ideias que eu formara sobre a delicadeza e precisão dos sabores na culinária chinesa são aqui subvertidas por novas sensações, que não condizem com meu quadro mental nem com meu gosto.

Mas gostaria de comprovar outras ideias — ou melhor, impressões embrionárias: por exemplo, que o povo chinês, entre todos os que imigraram para os Estados Unidos, seria o que menos sofreu com a brutalidade da mudança, o que menos absorveu os aspectos vulgares da "americanização".

Para verificar se minhas impressões estavam certas, esperei o tradicional desfile de Ano-Novo chinês de São Francisco, famoso pelos intermináveis dragões ondulantes pelas ruas. Nada: fiquei a ver navios. Na noite de 5 de fevereiro, o início do "ano do rato" era tudo menos uma festa popular espontânea. O desfile começa como parada militar dos *marines*, depois vêm a passo os rapazinhos chineses de uniforme, enquadrados na juventude maçônica e outras organizações de juventude de tipo paramilitar, segue-se um desfile de carros luxuosos entronados pelos líderes políticos da comunidade, alternando-se com as vencedoras do concurso de Miss Chinatown.

As *misses* são graciosas, muito americanizadas (e quanto a isso eu não teria preconceitos; a americanização da beleza feminina consiste basicamente em saúde, higiene e pele lisa, coisas em si louváveis), com aquele ar de todas as moças dos concursos de *miss* posando para fotos, estreando seus vestidos de gala, o buquê de flores envolvido em *cellophane*.

Os políticos são muito diferentes dos habituais chinesinhos que eu via pela rua: têm um ar ao mesmo tempo empertigado e amigável, um pouco como *gangsters*, um pouco como fascistas, que deve ser o ar de muitos líderes das minorias pobres nas grandes cidades. Cartazes impressos e afixados nas laterais dos automóveis indicam ao público seus nomes, cargos e organizações (como a Anti-Communist Chinese League e similares) e tudo parece um desfile eleitoral. Depois passam algumas pessoas com roupas coloridas, o velho acrobata dos leques do templo budista, alguns dançarinos de *night-club*, muitos rostos conhecidos aqui dos arredores. E no final vem o dragão, longuíssimo, multicolorido, muito bonito, serpenteante; mas agora a atmosfera genuína de festa popular não pode ser mais criada.

A OUTRA FACE

Outras vozes, ouvidas aqui em São Francisco, indicariam que um espírito totalmente oposto reina em Chinatown. No cinema, onde passam somente filmes chineses falados em chinês, da produção tosca de Formosa e de Hong Kong, começaram a projetar filmes que chegavam realmente da China, da China comunista. O público chinês lotava a sala todas as noites e ficava com água na boca; ninguém na cidade sabia de nada; parece que isso continuou por uns dois meses, antes que as autoridades fossem informadas e interviessem. São coisas que ouvi dizer, não vi nada; por outro lado, mesmo que a história seja apenas parcialmente verdadeira, para os americanos, vale como um sintoma.

O QUE SE DIZ NEM SEMPRE É VERDADE

O que se diz nem sempre é verdade, isto é, que a única maneira de ver a América é percorrê-la de automóvel. Além do tempo que seria necessário em vista de suas dimensões gigantescas, o elemento dominante numa viagem dessas seria a monotonia. Bastam poucos quilômetros de autoestrada para termos uma ideia do que é a América média das cidades pequenas e minúsculas, dos intermináveis subúrbios, com todas as construções baixas, postos de gasolina, lojas com placas escritas em letras enormes. Mas a coisa mais aborrecida é parar todas as noites para dormir numa dessas cidadezinhas anônimas, onde não há nada o que fazer além de comprovar que o tédio da *little town* é exatamente tal e qual sempre nos foi descrito. A América menor mantém suas promessas: o bar enfeitado com troféus de caça, cabeças de cervos e de alces, os *farmers* no fundo do bar jogando baralho com chapéu de *cowboy* na cabeça, a mulherzinha gorda e risonha que fica sentada seduzindo o *salesman* de passagem, o bêbado que tenta puxar briga.

ESSES PARAÍSOS TERRESTRES

Mas devo dizer que nesses dias, viajando pela Califórnia de carro, também passei por costas e florestas que estão entre as mais belas do mundo. No entanto, é uma natureza com a qual não se estabelece uma relação: talvez devido às dimensões descomunais, talvez porque todas as relações — e, portanto, também as relações com a natureza — sejam caracterizadas por esse senso de alienação, de anonimato, de rarefação insípida. É inverno, e mesmo nos locais marítimos famosos como Monterey e Carmel se espalha o tédio das cidadezinhas do interior.

Nem morto eu ficaria nesses paraísos terrestres onde vivem os escritores americanos. Não há nada para fazer além de se embriagar. Hoje de manhã, um jovem escritor que mora aqui estava com os pulsos totalmente machucados. Ontem à noite, embriagado, arrebentou a socos as janelas de sua casa.

OS HOTÉIS DOS VELHOS

A família americana não quer os velhos por perto. Os jovens se casam e montam casa própria, sem pais nem sogros (os quais, no entanto, seriam de enorme utilidade para resolver o grande problema americano: quem fica em casa tomando conta das crianças à noite?). Os novos *suburbs* residenciais são geralmente bairros de jovens, com uma população com menos de quarenta e cinco anos. Para onde vão os velhos? Para o hotel. Em Nova York, os hotéis grandes e pequenos são como que conventos de velhinhas. Vão e vêm pelos elevadores, com seus chapeuzinhos sombrinhas leques remédios dão aos restaurantes dos hotéis o aspecto de pensões familiares, gritam umas às outras em suas cornetas de ouvido considerações meteorológicas, organizam *meetings* religiosos neste ou naquele quarto, eufóricas, enérgicas, instáveis, inquietas.

Ruma para o clima ameno, Califórnia, Flórida, a ininterrupta migração daquele que já podemos considerar um povo no meio de outros povos do caldeirão americano: os velhos, os aposentados.

Viajo pela costa da Califórnia de carro, com amigos europeus. Quando paramos à noite numa cidadezinha, meus amigos, acreditando — erroneamente — que os *motels* sejam muito caros, concentram a escolha em hoteizinhos antiquados. Toda noite, tal como numa caravana de camelos, aparecem as miragens dos jardins de Samarcanda, assim olho eu os *motels*, asseados e perfeitos, mostrando suas sacadas simétricas que dão para uma piscina verde onde se refletem as palmeiras, e após a vã discussão de costume sigo a maioria até os tapetes puídos e o cheiro de pó e mofo característicos dos hotéis americanos de terceira categoria.

A qualquer hora, a televisão reluz e grasna no *lounge*, e nas poltronas de vime, nos sofás desbotados, sentam-se os velhos *retired*, os aposentados, aqueles que, depois de uma vida de trabalho modesto, retiram-se com um pecúlio que lhes bastará para morar no hotel pelo resto de seus dias, mas sem mais nada para ocupar o vazio desses dias.

Alguns hoteizinhos da Califórnia do Sul conservam um ar mexicano. Há uma grande escada desproporcional, um salão meio escuro do tamanho de um pátio, com sofás e poltronas envoltos em capas brancas, ao redor dos quais se distribuem as portas de quartinhos modestos, por onde às vezes corre um besouro preto de proporções tropicais. De manhã as portas se abrem uma a uma, velhos em mangas de camisa e velhas com os cabelos soltos se movem lentamente, vão ao banheiro, voltam com lençóis que estendem na balaustrada da escadaria (talvez os contratos da modesta mensalidade estabeleçam que eles arrumem seus quartos por si mesmos), depois se atiram prontamente nos sofás forrados e já ficam de olhos arregalados na frente da televisão. Assim, protegidos das intempéries na clara e contínua primavera californiana, esperam dia após dia, olhando as sombras da televisão, despojar-se das coisas do mundo nessas pálidas antecâmaras do nada.

A CIDADE GRANDE DEMAIS

O *motel* onde moro em Los Angeles fica em frente a um estranho edifício branco, quase sem janelas, em cujo centro há uma torre muito alta, encimada por um anjo de ouro com a trombeta. É o templo dos mórmons, o mais importante de toda a costa do Pacífico. Não posso visitá-lo: apenas os mórmons podem entrar, e nem todos, só os idosos. Os administradores do *motel* também são de religião mórmon: pessoas de idade, gordas, tranquilas e insolitamente gentis.

O entorno é um bairro verdejante, composto todo de casinhas bem baixas, habitado por japoneses que trabalham como jardineiros nas casas de Westwood e Beverly Hills. Todos os dias de manhã e no final de tarde passa aqui em frente o caminhãozinho de um distribuidor de sorvetes que emite um acorde de carrilhão, agudo e pungente, para chamar a atenção das pessoas. O carrilhão do sorveteiro e a trombeta do anjo mórmon se associaram em minha memória: na primeira vez que ouvi aquele som, talvez pensasse que realmente provinha do anjo, mas houve uma primeira vez? Estou aqui há dez dias e tenho a impressão de conhecer desde sempre esse arpejo, esse templo absurdo, essa sensação de asfalto sob o sol.

Então, e Los Angeles? Desde que estou nos Estados Unidos, todas as pessoas com quem conversei, sem exceção, profetizaram que eu adoraria São Francisco e detestaria Los Angeles. Tal unanimidade de juízos acabou por me deixar nervoso. Fui a São Francisco, adorei, sem dúvida, mas que mérito havia nisso? A cidade é bonita, de um tipo de beleza incomum na América, mas não tive a sensação de uma descoberta, de uma conquista difícil, de um atrito. Chicago, sim, me deu satisfação: conseguir entendê-la, sentir seu sabor, aceitá-la como ela é. Do mesmo modo gostaria de poder dizer, voltando à Costa Leste: "Los Angeles, que cidade! Vocês não a entendem!".

E, assim que cheguei, pensei que iria mesmo gostar dela. Em primeiro lugar, é uma cidade tão enorme, tão exageradamente extensa que, para atravessá-la de carro, seria como ir de Turim a Milão. Hoje apenas as cidades enormes têm sentido, eu pensava, apenas as cidades enormes me interessam. Além disso, é uma cidade tão mesclada com a natureza que por esse lado se chega ao mar, com promontórios vazios e desertos sobre o Pacífico, e pelo outro lado às montanhas, de modo que, para ir de um bairro a outro, às vezes é mais curto atravessar uma zona montanhosa totalmente agreste (e isso não é apenas maneira de dizer: pela área circulam os *mountain lions*, isto é, os pumas). E é uma cidade industrial com qualidade de vida superior à de todas as outras que conheci, numa escala tão ampla que, ao fim, pode ser considerada não uma zona privilegiada, mas uma fatia da sociedade americana.

Mas não. Passados poucos dias, mudei de opinião bruscamente. Amigo das grandes cidades, entendi que Los Angeles não é uma cidade, que é impossível vivê-la como uma cidade. Ir de carro de um ponto a outro, ainda que seja no mesmo *boulevard*, é uma longa viagem e os serviços de ônibus são lentos e raros. Durante minha estada, este já é o terceiro hotel e bairro para o qual me mudo, procurando sempre o local onde me sinta mais "dentro" de Los Angeles, e a cada vez me sentindo isolado como num novo exílio. Os moradores vivem em sociedades separadas; os de Beverly Hills visitam os de Beverly Hills, os de Pasadena visitam os de Pasadena, e a cidade enorme tem como resultado uma vida provinciana. Mesmo encontrar um número de telefone é difícil: há uma dezena de listas telefônicas de Los Angeles, divididas por zonas; em nenhum lugar se encontram mais que duas; somente nos grandes hotéis existe o conjunto completo, que ocupa uma estante reservada a ele.

Mas não quero me dar por vencido diante de meus interlocutores e, contra os que definiam Los Angeles como a cidade do *smog*, continuo a elogiar seu céu azul e o ar límpido. De fato, minha estada foi favorecida por uma feliz disposição dos ventos. Passeio pelas avenidas de Westwood entre as raras casas, ouço o carrilhão do sorveteiro, que parece saído da trombeta dourada do anjo mórmon, com a ansiedade e o desconforto de quem vê diante de si a soleira de um paraíso terrestre, mas sabe que a entrada tem um único preço: a perda da alma.

O PEDESTRE SUSPEITO

"Quem anda a pé aqui é imediatamente detido." Esta é a primeira observação que ouvimos ao chegar a Los Angeles, cidade onde não existem pedestres. Mas no momento achei que a pessoa estivesse brincando, dizendo um paradoxo.

Ontem de manhã, eu estava em Culver City sem carro; precisava ir até a Universidade da Califórnia e pensei em tomar um ônibus na parada mais próxima. Tinha de percorrer a pé um trecho daqueles infindáveis *boulevards* cujas calçadas inteiramente desertas são ladeadas por canteiros, algumas poucas casas, postos de gasolina.

Caminhando, ouvia atrás de mim o ronco de uma motocicleta que vinha devagar. A certo ponto, passando um cruzamento, o ronco acelerou e me alcançou; era a moto com carrinho ao lado e antena de rádio de um policial que acenava para eu parar. Eu atravessara um cruzamento cujo semáforo estava vermelho, mas era uma rua com poucos metros de largura, deserta, e não parei para esperar o sinal verde. O policial me pede os documentos. Claro que não estou com o passaporte: o grande prazer do italiano ao chegar num país como os Estados Unidos é fazer aquilo que nunca poderia fazer na Itália, ou seja, deixar os documentos em casa e andar com os bolsos vazios. (Tampouco nos hotéis é preciso apresentar documentos: pedem somente para escrever um nome e um endereço qualquer numa ficha.) Declaro-me disposto a pagar a multa, mas explico que sou um visitante estrangeiro, que vou à universidade onde preciso apresentar uma conferência, tento levar a coisa na brincadeira, digo que sou o típico *absent-mind professor* e não vi o semáforo, elogio a disciplina do tráfego americano etc.

Mas noto que o policial me considera um caso suspeito, que não é uma questão de multa, ele pretende me pôr no *sidecar* e me levar à delegacia para esclarecer minha situação. Como abro a carteira para procurar algum documento que sirva de identificação, ele quer ver tudo o que há dentro dela, quer saber quanto dinheiro tenho, quando cheguei, quando vou embora, enfim, um interrogatório completo.

Um convite impresso da universidade para minha conferência acaba por tranquilizá-lo; libera-me sem nem me fazer pagar o *ticket*.

Conto o episódio a todos os amigos de Los Angeles, e todos por sua vez me contam episódios parecidos que vivenciaram: foram parados pela polícia por estar a pé, por uma ou outra razão, especialmente após o entardecer, mesmo sem ter cometido nenhuma infração. Quem anda a pé é um indivíduo suspeito, um vagabundo, um associal, não integrado à comunidade. Ou é bêbado ou é louco, como alguém andando nu na rua.

Ao mesmo tempo, porém, o pedestre é protegido pelas

leis da Califórnia: quando atravessamos uma rua a pé em qualquer ponto, todos os carros devem parar, como na Itália ocorre (ou deveria ocorrer) somente nas faixas brancas. Sendo raríssimos os pedestres, como os peles-vermelhas, cuida-se para que não se extingam por completo.

A SOMBRA DA CADEIRA ELÉTRICA

Amanhã Chessman morrerá na cadeira elétrica. Encontro numa *party* de Los Angeles uma advogada que é uma das poucas pessoas convidadas para assistir à execução. Diz que, se eu for junto, ela consegue autorização para que eu entre também: quer telefonar para me reservar imediatamente um lugar no avião. "Sem dúvida, você poderá escrever um texto memorável! Algo que será publicado no mundo todo! Que será útil para a campanha contra a pena de morte!" Agradeço e declino. Não se assiste à morte por esporte. E não quero guardar aquela imagem por toda a minha vida.

(A execução acabou sendo adiada mais uma vez.)

HOLLYWOOD

Sei que deveria escrever alguma coisa sobre Hollywood, mas não tenho nada para contar. (Uso a palavra "Hollywood" no sentido europeu; como vocês sabem, agora Hollywood é somente um bairro de Los Angeles cheio de restaurantes, teatros e casas noturnas; não tem mais relação com a produção cinematográfica, e os *studios* ficam em outros lugares, no campo.)

É fevereiro, época morta para a produção dos filmes, porque o mês de abril no estado da Califórnia é a data de apresentar as declarações para o imposto de renda; os fiscais vêm verificar as bobinas de filmes rodados e aplicam os impostos sobre elas; por isso, as empresas cinematográficas procuram filmar o mínimo possível nesses meses, e remetem as bobinas que rodaram para o estado do Arizona. Terminada a fiscalização, trazem-nas de volta; a legislação fiscal americana é muito séria e rigorosa, mas admitem-se tacitamente alguns pequenos expedientes para não pagar e se manter dentro da lei.

Assim, na Fox há apenas um filme em produção, com Claude Rains, de ficção científica, com ambientação tropical. Um monstro pré-histórico sairá de um lago, mas a cena que vi filmarem era anterior ao aparecimento do monstro. A produção dos filmes é caracterizada por uma rigorosa divisão especializada do trabalho, sancionada pelos contratos sindicais. Havia um sujeito, um homenzarrão vestido de *cowboy*, com cartucheiras cheias de pedrinhas e um estilingue em lugar do revólver. Era um técnico especializado em assustar os patos. Quando o diretor precisava de um voo de patos sobrevoando o rio, ele estilingava um punhado de pedrinhas na direção do bando que nadava calmamente nas águas do falso rio tropical.

MORDIDO PELOS CISNES

Los Angeles é a cidade das religiões estranhas. Profetas e charlatães do mundo inteiro vêm para cá, abrem seus templos e encontram acólitos. Uma amiga que me leva pela interminável Sunset Boulevard quer que eu visite uma estranha igreja construída com o formato de um moinho de vento, à margem de um laguinho artificial. É dedicada a um culto criado por um senhor indiano de cabelos compridos, que mescla budismo e cristianismo.

Passando pelo jardim, alto-falantes ocultos entre os arbustos começam a operar misteriosamente, tocando música baixinho. Na margem do lago, cisnes raivosos correm e mordem minhas pernas.

COWBOYS

Visito o maior *ranch* da Califórnia. Pomares de laranjas e nozes. Como é habitual na agricultura americana, não se veem seres humanos. Tudo é feito com máquinas, mesmo a debulha das nozes. Já a colheita das laranjas fica a cargo do sindicato de mexicanos especializados.

Vi *cowboys* cavalgando pelas passagens estreitas entre as cercas que separam as vacas, por extensões imensas; elas ruminam entediadas a ração sintética que lhes é trazida, devidamente graduada por um moinho elétrico que se ergue ali no meio do terreno. Jamais verão um pasto na vida, nem as vacas nem os *cowboys*.

NOVA-IORQUINO NO INTERIOR

Já deve fazer um mês que saí de Nova York e viajo pelos Estados Unidos. Todas as pessoas que encontro, sem exceção, falam mal de Nova York. Nada digo, embaraçado; quase tenho vontade de avisá-las que estão cometendo uma gafe, que estão me dizendo uma coisa indelicada, pois adoro Nova York. Quanto mais lugares, cidades, paisagens, sociedades e modos de vida diferentes conheço, cada qual com sua verdade, cada qual a seu modo americano, cada qual à sua maneira diametralmente oposta a Nova York, mais saudade sinto de Manhattan, e percebo que sempre levarei essa saudade comigo. Mas por quê? Todos os americanos sabem me dizer por que odeiam Nova York: cidade de profissões artificiais, de intelectuais industrializados, de vida social extremamente intensa, mas sem aprofundamento das relações humanas, cidade onde tudo se comercializa, cidade de ritmo enervante, mas não concretamente produtiva, cidade não americana, incapaz de criar uma civilização própria a partir do cadinho de raças, cidade onde se estabeleceu a pior parte de todas as ondas de imigrantes, sem se integrar a ela, cidade que, mais do que qualquer outra, nega e anula a natureza. O que dizer? Têm razão, Nova York é assim, e ser assim é ruim. Porém, não vejo a hora de voltar para lá.

AS ESPOSAS

Consulto Giovanni B., o viajante italiano que se interessa por mulheres, sobre a diferença entre Nova York e o resto do país.

"A vida social de Nova York é dominada pelas mulheres sozinhas", ele me explica, "a das outras cidades é dominada pelas esposas. Isso faz com que o erotismo de Nova York seja regulado pelo cálculo, pela estratégia, pela racionalidade, como um jogo de xadrez, enquanto o das outras cidades americanas é dominado por uma carga selvagem, feroz, que explode da insatisfação da vida conjugal. Comparemos as disputas entre os sexos em duas *parties*, duas recepções normais mundano--familiares, uma em Nova York e outra no interior, do mesmo nível social e intelectual e no mesmo estágio de consumo de álcool. Em Nova York, o que se espera é conseguir um número de telefone, anotar um encontro na agenda, ou seja, a *party* é uma fase preparatória para o *dating*, para o procedimento dos encontros que você deve seguir rigorosamente se quiser ir até o fim. No interior, a *party* é uma ebulição de fermentos bovarista--lawrencianos, a temperatura logo sobe ao máximo; se você conhece uma mulher que lhe agrada, é como se não houvesse tempo a perder, tudo deve ser consumado ali mesmo, no momento em que os maridos olhem para outro lado, pois a *party* não é a preparação para a alcova: já é a própria alcova."

"Então", pergunto eu, "você não vai mais sair do interior?"

"Nem pensar! Não se conclui nada, entende? É apenas um truque, já sei que estou fora do jogo desde o princípio! É um bovarismo de veleidades, um lawrencismo de salão, que só serve para dar equilíbrio ao casamento, à harmonia normal entre marido e mulher..."

SAÚDE DE LAS VEGAS

Os aeroportos são iguais em toda parte, mas você percebe que chegou a Las Vegas no instante em que pisa no chão, pois vê por todo lado as famosas *slot-machines*, as maquininhas nas quais a gente bota uma moeda, puxa uma alavanca e, se fizer determinada combinação, pode ganhar vinte ou cinquenta vezes a aposta ou até todo o *jackpot*, isto é, a banca — mas você nunca acerta essa combinação. Alinhadas ao longo das paredes, as *slot-machines* parecem telefones velhos pintados em cores vivas, ou balanças automáticas, e na frente de cada caça-níquel tem alguém jogando furiosamente, com movimentos de autômato, outros controlam duas maquininhas ao mesmo tempo, e há filas à espera de que uma delas fique livre, com pessoas que acabaram de chegar ou que estão para ir embora e querem gozar até o último instante da liberdade concedida pelo estado de Nevada: a liberdade do *gambling*, do jogo de azar, aqui exercido à luz do dia, mas sempre com o frenesi de quem se entrega a um prazer proibido.

Todos vocês sabem como é Las Vegas, no meio do deserto (cinzento, a perder de vista, com arbustos baixos e ralos e montanhas ao fundo), velho vilarejo dos garimpeiros e mesmo agora não muito extenso, resumindo-se praticamente a duas ruas: a velha Main Street, com as baiucas mais famosas e antigas, e a nova e longuíssima Strip, uma rua no deserto repleta de painéis luminosos mais suntuosos do que na Broadway, pois todos os edifícios são hotéis, *motels* com as formas mais variadas, teatros, *tabarins*, cassinos. Ou seja, todos os lugares públicos de Las Vegas são cassinos, e em Las Vegas só há lugares públicos: nos *halls* dos hotéis e teatros há mesas de *roulette* ou de *baccarat* que funcionam vinte e quatro horas por dia, e as *slot-machines* são ubíquas.

Mas não é só do *gambling* que Las Vegas é a capital: é também dos teatros de revista de vedetes nuas, da prostituição (aceita legalmente aqui em Nevada), dos divórcios e dos casamentos instantâneos. Como sabem, basta ficar seis semanas em Nevada e tem-se direito ao divórcio; o casamento pode ser feito na hora, basta ambos jurarem a um "juiz de paz" e já estão casados. Por isso, na Strip os cassinos e os *night-clubs* são intercalados por inúmeras "capelas para casamentos", igrejinhas de arquitetura inverossímil como um vidro de doces, encimadas por estátuas de Cupido, com nomes como "The Star Wedding Chapel", luminosos que anunciam o matrimônio mais rápido, cartazes coloridos com casais se beijando em primeiro plano.

Era sexta à noite e eu vinha de táxi do aeroporto. Não havia hotel ou *motel* que não tivesse a placa "*No Vacancy*". "Eu não disse?", o motorista falou. "Não tem nenhum quarto vago em toda Las Vegas. Teria de ter feito reserva, mas não ontem: há dois meses, no mínimo." Acostumado a não fazer reservas, cheguei aqui sem me dar conta de que é o começo de um *week-end* excepcional: não só o sábado e o domingo, mas também a segunda-feira, feriado nacional, e com esse fim de semana prolongado Las Vegas ficou lotada de gente não só da vizinha Los Angeles, mas do país inteiro.

Todos os viajantes que desembarcaram do avião haviam tomado as *limousines* de seus respectivos hotéis. Os desajuizados que chegaram sem fazer reserva éramos apenas dois: eu e um senhor gordo. Um motorista de táxi mais otimista do que os outros nos atende: nunca se sabe, vai que se encontre algum lugar liberado de última hora em algum *motel*. Nós dois nos apresentamos: aquele senhor mora em Washington, é funcionário de um ministério, estava em Los Angeles e aproveitou para passar três dias, ou melhor, três noites, em Las Vegas, não pela *roulette*, mas pelos *shows*, pelos teatros de revista.

Em nenhum lugar como em Las Vegas se pode assistir a tantos espetáculos de variedades e tão famosos: nem na Broadway, talvez nem mesmo em Paris. Na Broadway, nunca levam mais de cinco ou seis ao mesmo tempo; aqui deve ter uns vinte locais de categoria, com as melhores *girls*, cantores e atores da América e da Europa. Como os espetáculos vão até mais ou menos as quatro da manhã, é possível assistir a até uns três *shows* numa noite.

Pelo vidro do táxi eu olhava a sucessão dos "*No Vacancy*", o aviso luminoso sacramental de todos os *motels*; se o "*No*" estiver apagado, significa que há lugar, mas estava aceso em toda parte (alguns avisos, mais gentis, acrescentam com suas letras luminosas: "*Sorry*"); mas meu companheiro de aventura só tinha olhos para os letreiros dos teatros.

O velho motorista louvava as fontes da economia de Nevada, as liberdades de diversão que haviam trazido a prosperidade turística para aquele deserto, e coincidiam com moral, higiene e poupança. "*I believe in legalized prostitution*", ele dizia gravemente.

Nossa missão de reconhecimento hoteleiro foi inútil. O motorista então diz que pode alugar um quarto com duas camas em sua casa. Está claro que desde o aeroporto já tinha essa ideia em mente: mas é um bom homem, sua intenção é mais de praticar uma boa ação do que ter lucro, e ademais não nos explora no preço, como infelizmente costuma acontecer em circunstâncias semelhantes, mesmo aqui na América. Aceitamos. A Las Vegas dos moradores locais é composta de poucas ruas ao redor da Main Street, com casinhas baixas de aparência confortável à beira do deserto poeirento. A família do motorista, mulher e rapazinho, emana simpatia, tem um ar bondoso e virtuosamente encorajador, como se prestasse socorro a alpinistas ou peregrinos. De fato, ela dá aulas na escola dominical e o garoto é *boy-scout*. O casal vinha do Middle West e chegara a Las Vegas na época da Grande Depressão; passaram a primeira noite dormindo no deserto, ao relento, e mais tarde acompanharam o destino da cidadezinha, com o acentuado pragmatismo de bem-pensantes. Mas só depois vim a saber de todas essas coisas; ao chegarmos, o senhor de Washington estava impaciente em conseguir uma mesa para seu primeiro *show* da noite, e eu, sempre feliz quando posso partilhar uma experiência com um "americano médio", me ofereço para ir junto. Deixamos as malas e vamos.

Esse senhor de Washington é homem sério e morigerado: joga pouquíssimo e com prudência, evita sair com as moças (o que, por outro lado, custaria os olhos da cara), tem apenas essa mania abstrata de colecionador de assistir ao maior número de *shows* que puder, com as *girls* nuas (entenda-se, nus os seios; aqui em Nevada também impera a obrigação da tanga), e a cada intervalo fica ocupado escrevendo endereços e saudações nos programas (na América, é costume que os programas dos *night-clubs* ou os cardápios possam ser enviados como postais, com a tarifa paga pelo estabelecimento) para os colegas de escritório do ministério, para mostrar quanta coisa bonita está vendo.

Mas prefiro borboletear de um lugar a outro, nas salas de jogo. Essa Las Vegas, mesmo sendo exatamente igual a tudo o que eu havia lido tantas vezes, não desilude: o que há de verdade é a vitalidade sincera, descontraída, transbordante daquele mar de gente que se aglomera ao redor das *roulettes* como se fosse uma feira. Nada a ver com a atmosfera dos cassinos europeus, e nada a ver com os locais do tipo Pigalle. Há aqui uma grande saúde física, é uma sociedade produtiva, endinheirada e vulgar que se diverte, com voracidade e ingenuidade, em conjunto, às pressas, entre um avião e outro, mas a diversão é real, não fingida.

Eu poderia dizer que aqui ainda subsiste o espírito do pioneiro e do garimpeiro que deu fama a essa absurda cidade-cassino, mas por essas bandas a cor local do *western,* do *pioneer*, do *Golden Rush* etc. é objeto de tanta exploração turística, de tanta retórica e fragmentação em suvenires que fico sem vontade de falar a respeito. Mas ora, também posso dizer banalidades, estou viajando por um país banal e aproveito muito bem tal como ele é, também sou invadido pela onda de banalidade e não me protejo contra ela, sigo o companheiro de viagem do *show* no Lido de Paris ao japonês, registro em minha retina dezenas e dezenas de mamilos distantes e idênticos, renuncio a acompanhá-lo a um terceiro espetáculo, consigo um lugar nesta ou naquela mesa de jogo, pelo prazer de apostar moedas de um dólar de prata (é a primeira vez que vejo essas moedas; aqui são muito usadas, por uma questão de comodidade para o jogo), discuto com *croupiers* distraídos ou desleais, com vizinhos trapalhões. A mim, essa Las Vegas agrada. Mas é deles e assim permanece: deles, não minha. E a *roulette*, ademais, sempre me entediou, pois ganho sempre. Ganho aqui também, onde a roda dos números tem dois zeros. Não consigo tirar nenhuma emoção do jogo, sinto tédio. Mas fico contente que os outros se divirtam. No fundo, invejo muito essas pessoas, e lhes invejo Las Vegas e toda a corrupção e saúde que há por trás, a corrupção sadia e a saúde corrompida. Desprovido das paixões do viciado e da inocência do saudável, gozo tudo e tudo é como nada.

As *slot-machines*, engenhocas misteriosas e dificilmente controláveis, transmitem a paixão do jogo em sua forma mais hipnótica, mais passiva e obstinadamente repetidora. Nunca vi ninguém ganhar. Insiro uma moeda de 25 *cents*, abaixo a alavanca, as figurinhas aparecem desemparelhadas como sempre. Mas deve ter quebrado: do fundo da maquininha cai uma chuva de moedas do prêmio. Meto no bolso, bocejo, cada vez mais insatisfeito comigo mesmo, vou dormir.

AO CONTRÁRIO DO QUE...

Ao contrário do que eu escrevia algumas semanas atrás, não há outra maneira de percorrer os Estados Unidos a não ser de automóvel. O outro sistema, considerado o mais prático e o mais tipicamente americano, isto é, com os ônibus da empresa Greyhound que serve todo o país, permite o contato com uma humanidade variada, como ocorre com todos os meios de transporte coletivos, e até mais, mas não se recomenda ao turista que quer parar para visitar locais famosos e "monumentos".

Aqui no South West, são quase sempre monumentos naturais: desertos como o Death Valley, desfiladeiros como o Grand Canyon, florestas petrificadas, coisas que não se encontram ao longo das *highways* e exigem, para quem não está de carro próprio, que a pessoa pare durante dias em estaçõezinhas intermediárias, para se inscrever em turnês turísticas organizadas no local.

Mas, afinal, ver esses famosos "monumentos" será assim tão essencial? A América consiste numa relação especial entre as pessoas e a natureza: o que vale são esses humanos capazes de atravessar o continente de ônibus de costa a costa, por dias e noites, dormindo sentados com a cabeça apoiada num travesseiro, mascando chicletes e devorando histórias em quadrinhos, enquanto do lado de fora passam os desertos intermináveis de pedras e arbustos já sulcados pelas carroças dos pioneiros. Ver um deserto mais desértico que os outros ou um *canyon* mais *canyonístico* do que os outros não muda nada, não traz nenhuma revelação fundamental.

CONSIDERAÇÕES SOCIALISTAS SOBRE OS MEIOS DE TRANSPORTE

O Greyhound é o único meio de transporte realmente nacional, com uma estação em cada cidade, serviços regulares, possibilidade de conhecer horários e conexões numa rede imensa. As linhas de trem, cada uma delas pertencente a uma das diversas empresas locais, são meios de transporte muito incômodos e desorganizados. Vários estados são atendidos por diversas linhas, com estações diferentes (em certas cidades, as pessoas a quem pedimos informação na rua não sabem dizer onde fica a estação, como se perguntássemos o endereço de uma repartição pouco frequentada), saber os horários é sempre um problema (cada trem — designado sempre por um nome, como os navios — tem seu horário impresso num folhetinho), saber as conexões de uma viagem um pouco complicada é impossível. E além disso tudo é meio aleatório, pois os trens estão sujeitos a enormes atrasos: como as ferrovias são em geral pouco rentáveis, as empresas não modernizam os equipamentos, que são antiquados e se avariam facilmente. Seria tão simples estatizá-las, mas a sacralidade da iniciativa privada continua a ser a grande superstição nacional, mesmo quando contraria qualquer regra de eficiência e até de bom senso. (O pressuposto da privatização é tão forte que, em Nova York, as três linhas do *subway* metropolitano são praticamente municipalizadas e têm administração unificada, mas continuam a funcionar como três linhas totalmente independentes, complicando a um grau infernal um serviço que poderia ser extremamente simples, como em Paris ou Londres.)

Os Estados Unidos são um país cuja produção e distribuição dos bens de consumo também vão se organizando como um "serviço". A cada passo, o viajante europeu encontra a confirmação de que o socialismo numa sociedade tecnicamente avançada seria um sistema prático e até natural. Ele já está presente na potencialidade das coisas, está em toda parte, exceto na cabeça das pessoas. Uma espécie de processo de remoção, uma barreira de tabus histórico-sociológicos impede os americanos de pensar nesses termos.

ÁREA DEPRIMIDA

Quando o ônibus entra no Novo México, já é noite. Na primeira parada, no ponto onde se costuma tomar um lanche, tudo é diferente: a cor impalpável da miséria (da qual eu me esquecera totalmente na Califórnia) envolve todas as coisas; as pessoas que esperam o ônibus são indígenas vestidos de indígenas,

■ *ITALO CALVINO*

mulheres pobres com crianças no colo, o bêbado, o mendigo e em tudo paira a atmosfera familiar dos países subdesenvolvidos.

Como é a vida de uma zona subdesenvolvida no interior do país menos subdesenvolvido do mundo? O Novo México é um deserto, a agricultura se resume a poucas hortaliças e frutas para o consumo local, a indústria é quase inexistente. Mas os indígenas gozam dos benefícios que lhes foram concedidos pela consciência pesada dos americanos brancos (nos tempos de Roosevelt): têm auxílio-desemprego, isenção de todos os impostos, terras, florestas e reservas de pesca (vivem numa espécie de comunismo primitivo e são inúteis os esforços das autoridades em lhes ensinar as vantagens da iniciativa privada), hospitais, assistência gratuita, escolas e prioridade em todas as possibilidades de emprego, além, naturalmente, do usufruto do fato de serem a grande atração turística do estado.

Como se sabe, o Novo México é a grande reserva exótica para os intelectuais e artistas dos Estados Unidos. De início, esse escapismo rumo ao exótico era objeto de meu sarcasmo. Hoje, porém, estive em Taos, local maravilhoso como paisagem de montanha, e mesmo como refúgio de intelectuais não é artificial como eu esperava. O *pueblo* indígena é muito autêntico, os museus de objetos indígenas e neo-hispânicos (da famosa seita dos flagelantes que ainda sobrevive aqui) são belíssimos, os intelectuais que passam o ano na localidade mantendo *boutiques* de objetos locais são sujeitos simpáticos e não comerciais, e há nas cercanias duas estações de esqui. Ao fim e ao cabo, um local onde não me desagradaria ficar um tempo.

Talvez seja esta a verdadeira diferença com a Lucânia e a Calábria. Nas zonas subdesenvolvidas italianas, não é possível escapar às responsabilidades, ao remorso de fazer parte de um mundo privilegiado; aqui podemos esquecê-lo. O segredo da América reside nesse esquecimento do remorso. Mas não será também a grande fraqueza da América, seu perigoso não entender (não querer entender? ou não conseguir entender?) o resto do mundo?

OS POVOADOS INDÍGENAS

Entro no *pueblo* de San Domingo, nos arredores de Albuquerque. À primeira vista, o lugar não me parece desconhecido. De fato: são aldeias romanas, sem tirar nem pôr. As casinhas indígenas baixas e achatadas, construídas em *adobe* (os tijolos de barro que os indígenas aprenderam a cozer com os espanhóis e que é a matéria essencial de toda a arquitetura do Novo México) e depois caiadas, têm o mesmo aspecto das de Pietralata. Sem tirar nem pôr, também, é o jeito das pessoas que se abrigam do frio se embrulhando em mantas, das crianças correndo na lama (mais limpas, porém, do que em nossa terra) e pedindo esmolas ao forasteiro (fato raro nos Estados Unidos), ou melhor: vendendo a ele as pedrinhas coloridas de sempre. Mas não se tem a sensação de superpopulação que sempre acompanha essas paisagens na Itália. Gente sábia, os indígenas do Novo México são um dos poucos povos habitantes de áreas atrasadas que não são muito prolíficos; apesar disso, a população, que caminhava para a extinção, passou a aumentar ligeiramente nos últimos anos (depois das providências para proteger seu bem-estar).

Há nesse *pueblo* uma igreja com maravilhosas pinturas indígenas. Prossigo na estrada para as montanhas e visito um museu de pinturas rituais *navajo*, guardadas por um escritor solitário. Esses museus são mantidos com o habitual cuidado e disponibilidade de recursos que os Estados Unidos reservam às coisas da cultura. A tradição local, tanto hispânica como indígena, é objeto (há umas três décadas, penso) de um amor apaixonado, de um empenho em resgatá-la e homageá-la, próprio dos locais onde tudo o que é antigo, tudo o que deriva de outra civilização, é raro e está ameaçado de extinção. Os arquitetos de hoje procuram dar continuidade à velha arquitetura hispano-mexicana. É uma paixão — cumpre dizer — quase exclusiva dos americanos anglo-saxões; a população de origem espanhola não se importa com a conservação dos monumentos de sua própria cultura. Arquitetos protestantes constroem ou reconstroem as igrejas católicas em *adobe*, e ali abrigam as obras-primas remanescentes da escultura popular em madeira; os padres locais depois entopem o espaço com a típica iconografia produzida em série, que consideram mais atraente para as massas.

A estrada sobe entre vales, montanhas e picos nevados. Estou no *pueblo* perto de Taos, o maior e mais famoso. Aqui as casas baixas cor de terra se amontoam umas sobre as outras; os indígenas, na tarde fria, andam embrulhados até o nariz em mantas multicoloridas; parece um país muçulmano.

Caminho pelas ruazinhas, onde de vez em quando se topa com algum Ford estacionado; o automóvel é dos poucos confortos modernos que os indígenas aceitaram. Aceno para as moças, mas me aconselharam a não abordá-las. Um velho, com o rosto glabro um pouco rechonchudo e feminino que desponta da fímbria da manta, aparece na soleira. Peço-lhe para me mostrar o interior das casas. Não demoro a encontrar uma referência precisa: é Alberobello; essas casinhas têm a mesma essencialidade e despojamento das construções cônicas (*trulli*) da Apúlia. Aqui, porém, não quiseram luz elétrica. Por vontade dos anciãos, os *pueblos* não têm outro meio de aquecimento e iluminação além das lareiras dentro de casa e dos fornos na rua. Assim, os indígenas são os únicos em toda a nação que não têm rádio nem televisão.

Mas os jovens estudam na *high school*, "americanizam-se". O impulso de assimilação, que se apodera de todos os povos que se mudam para esse continente e ao qual somente eles, os antigos habitantes, até agora resistiam, começou a se fazer ouvir, e o mesmo se aplica ao impulso de movimento, à contínua migração interna, a que os ex-nômades indígenas, presos a suas terras inóspitas, haviam resistido até agora.

É evidente que as comunidades dos indígenas não têm futuro. Em todo o país se discute o destino deles, entre os defensores da preservação a todo custo e os defensores da assimilação.

O problema indígena, diferentemente do problema negro, é mais uma questão de *"pietas"* histórica do que um problema social. Nos Estados Unidos — como nota um amigo francês que foi funcionário na África por muitos anos —, ainda é possível reconhecer os traços das civilizações específicas das colônias, mas falta o elemento do povo colonizado, isto é, a principal característica, a contradição, a vitalidade e o significado de todas as colônias. Sobrevive somente em alguns locais, como aqui no Novo México, mas sem força dialética, isto é, sem futuro, quase se identificando com a natureza muda e enigmática.

LAWRENCIANA

Desde que conheço a aplanação da vida americana média, encontro justificativas para o escapismo e o culto ao primitivo dos intelectuais que vêm se estabelecer em Santa Fé ou Taos. (É o mesmo impulso que os leva a amar a Itália de determinada maneira, uma atitude mental que, em meus primeiros tempos em Nova York, me irritava profundamente, mas agora entendo que podemos ser indulgentes em relação a ela.)

Em Taos, a colônia intelectual é composta em grande parte por pessoas que vieram para cá quando aqui estavam D. H. Lawrence e sua mulher Frieda, para ficar perto deles, como foi o caso de um curioso tipo de poeta, Spud Johnson, que se pôs a dirigir o jornal local, com o título promissor de *El Crepusculo*.

É evidente que fui visitar Angelino Ravagli, que casou com Frieda após a morte de D. H. e ainda mora aqui, à espera de vender uma propriedade agrícola. Conheceu os Lawrence em Spotorno, pois lhes alugou uma casa e depois os seguiu pelo mundo, até Taos. Moravam então num *ranch* na montanha, que uma admiradora presenteara ao escritor (Frieda depois quis pagá-lo com o manuscrito de *Filhos e amantes*); Frieda, ao morrer, legou a propriedade em testamento à Universidade da Califórnia, que no verão envia jovens escritores para lá.

"Angie" é muito popular aqui: um homem forte, natural, simples, mas não o tipo primitivo-plebeu que deveria representar a mitologia lawrenciana. Ele tem a solidez de um bom pequeno-burguês italiano: foi capitão dos *bersaglieri*, de política italiana só lhe interessa o programa de Malagodi, em seu quarto tem um retrato de Eisenhower que ele mesmo pintou, pois agora se pôs a pintar.

ATÔMICA

Terra vagamente amaldiçoada, é compreensível que tenham se escondido nesse deserto do Novo México para inventar a bomba atômica, concretizando a profecia indígena (exclusiva do lugar, me garantem) de que aqui se desencadearia uma força capaz de destruir a Terra. Com tão bela perspectiva, aqui ainda se localizam os laboratórios e fábricas que continuam a aperfeiçoar a bomba. Acrescente-se que foram encontradas jazidas de urânio no local — mas isso num segundo momento, inesperadamente, quando já se inventara a bomba — e o quadro está completo. O urânio se tornou agora a única esperança de prosperidade nessa zona paupérrima.

A cidade, então, encheu-se de cientistas: além dos laboratórios de física atômica, há os que estudam os efeitos das radiações em organismos animais e vegetais, e também centros de estudo da resistência humana aos voos espaciais. No fim das contas, bem que eu preferiria conhecer alguns cientistas, em vez de artistas, literatos e professores das chamadas *humanities*. No entanto, parece que não há muito contato entre os dois grupos, e assim não pude verificar minhas hipóteses a respeito do papel dos cientistas nos Estados Unidos e, portanto, no mundo futuro.

Na verdade, as questões atômicas nos discursos dos moradores locais continuam cercadas de uma aura misteriosa, como nas lendas indígenas. Um senhor local me mostra um bosque, dizendo com toda a seriedade que lá se reuniam os espiões para contar uns aos outros os segredos atômicos, antes que o FBI os descobrisse.

MITOLOGIA DO TEXAS

Os automóveis em Houston trazem uma faixa colada na traseira: "*Built in Texas by Texans*" (Construído no Texas por texanos). Não é verdade: são Fords, Cadillacs ou Jaguares como todos os outros; as peças vêm das fábricas do Norte, e no Texas há apenas oficinas para a montagem, descentralizada pelas grandes fábricas e espalhada por toda parte. Mas é inútil discutir com o famoso espírito autonomista do Texas, único estado dos Estados Unidos que tem — por uma exceção constitucional especial — o direito de se separar da Confederação quando quiser, o estado que conseguiu entrar em guerra contra a Alemanha um ano antes de Pearl Harbor, mandando uma esquadrilha de voluntários com a aviação canadense, o estado cuja maior humilhação ocorreu quando o Alasca também foi declarado estado e lhe tirou o primeiro lugar em termos de extensão territorial (e agora a América não diz mais *Texan size* para sorvetes e televisores de tamanho maior, e sim *Alaskan size*). Nesse orgulho local está implícita a intenção de subestimar o resto do país, e, para troçar dos texanos, alguns engraçadinhos começaram a colar na traseira de seus carros a frase "*Built in Detroit by idiots*" (Construído em Detroit por idiotas).

Antes de chegar, eu me perguntava se conseguiria apreender em poucos dias uma imagem significativa dessa região de espírito e vida econômica tão peculiares. Mas, como sempre, tive sorte: cheguei a Houston durante o *Fat Stock Show*, a grande exposição anual de gado, ocasião em que se realiza o rodeio mais importante do país. Houston é uma cidade grande, moderna como tantas outras, mas agora apresenta um aspecto único no mundo: reúne os *cowboys* de todo o Texas, ou me-

■ ITALO CALVINO

lhor, de todos os estados pecuaristas. E não só: mesmo quem está longe de ser vaqueiro está vestido de *cowboy*, empresários velhos, senhoras, moças, crianças, todos com roupa texana, chapelão e colete franjado.

Para obter um ingresso do rodeio, sou aconselhado a me integrar a uma comitiva de estudantes paquistaneses de agricultura, hóspedes do estado do Texas numa faculdade de agronomia dos arredores, hoje em visita a Houston. Junto-me aos paquistaneses, tentando me mimetizar entre eles. Uma senhora de idade do comitê de recepção, esposa de um homem importante da cidade, serve café em copos de papelão, vestindo uma roupa *western* de cetim branco. O Texas se apresenta a mim uniformizado: seguindo para a exposição zootécnica, as boas famílias burguesas marcham compactas num impecável uniforme de *cowboy*. Sinto-me vagamente alarmado. Essa mitologia local, essa ostentação de uma roupa prática e anti-intelectual, traz em si uma carga de fanatismo, de alarmante belicosidade, redesperta em mim certas lembranças desagradáveis. Por sorte — à diferença do mundo daquelas lembranças desagradáveis —, aqui é uma mitologia ligada ao trabalho, à produção, aos negócios, a esse enorme plantel de gado em exposição e — mais ainda — à grande riqueza do petróleo.

Num estádio do tamanho do Vél d'Hiv de Paris, todo ornamentado de bandeiras (veem-se mais bandeiras texanas que nacionais, assim como o hino texano é aqui, incontestavelmente, o hino oficial), realiza-se o rodeio. E ele também é uma mescla de pragmatismo e mitologia. Grande parte das provas enfrentadas pelos *cowboys* são operações de seu trabalho cotidiano nas fazendas: montar com ou sem sela um cavalo xucro, amarrar as patas de um touro ou bezerro em determinado número de minutos, ordenhar uma vaca que se recusa a isso etc. Mas, entre uma e outra competição prática, aparecem os números mais artificiais da retórica *western*: os mais famosos cantores *cowboys* da televisão se apresentam entre o entusiasmo da multidão.

Poderíamos dizer que praticidade e retórica formam uma coisa só para os texanos, indiscerníveis entre si. Mas, quando um *cowboy* a cavalo persegue um garrote, pega-o no laço, cai em cima dele e o vira de barriga para cima, consegue amarrar suas pernas com a ajuda do cavalo que precisa se mover de modo a manter o laço esticado, muito bem, é um espetáculo de precisão técnica, de amor pelo *good job*, o trabalho bem-feito, com uma beleza e uma moral próprias que a retórica não destrói.

AS GARRAFAS NO BOLSO

A lei do Texas proíbe que os locais públicos sirvam bebidas alcoólicas; é permitido, porém, comprar uma garrafa de bebida nas lojas e levá-la ao restaurante. À noite, vou com um grupo de moradores locais ao restaurante polinésio, que, inaugurado pouco tempo atrás, é agora a grande atração de Houston. O restaurante está cheio, no saguão há uma grande fila de gente elegante à espera de mesa, e todos os homens estão com uma garrafa embrulhada no bolso do casaco.

O proibicionismo do Texas é imposto pela Igreja batista, que aqui é a igreja dos bem-pensantes e dos conservadores brancos (enquanto em outros lugares é a igreja dos negros pobres). Se alguma votação elege líderes abolicionistas que revogam a lei acerca da bebida, prontamente os poderosíssimos batistas coletam dezenas de milhares de assinaturas para mais uma vez promulgar proibição.

FELICIDADE FALSA E VERDADEIRA

Perguntam-me numa entrevista: "No que consiste a *felicidade* do americano médio?".

Há uma felicidade verdadeira, de quem consegue se realizar naquilo que faz, a grande lição moral da velha América, e

■ *ITALO CALVINO*

há uma infelicidade verdadeira, de quem sofre por viver no vazio, engrenagem de uma máquina. Assim como há uma felicidade falsa, difundidíssima, de quem vive no vazio e não se apercebe disso, e uma infelicidade falsa (exemplo: os *beatniks*) de quem, para protestar contra a vida desperdiçada, adota como programa desperdiçar a vida.

PARA HOMENS

No interior, as bancas de jornal variam, mesmo quanto às revistas ilustradas. Em Nova York pode-se dizer que só existem aquelas sete ou oito famosíssimas, de leitura, ou melhor, folheada, obrigatória logo que saem. No interior vê-se toda uma subvegetação: quadrinhos, revistas sensacionalistas tipo *Confidential* (cuja existência nem se percebe em Nova York), subtipos populares de todos os *magazines* mais conhecidos, revistas femininas e "para homens". Quanto a este último tipo de publicação, com títulos como *Homem*, *Macho* e semelhantes, o psicólogo pode encontrar um catálogo dos mitos violentos, musculosos, bélicos, pioneirísticos, esportivos que constituem a obscura religião "viril" americana. No fim das contas, melhor nosso "donjuanismo".

Também aquele glorioso tema da literatura americana que teve em Hemingway seu mais fiel e talvez último poeta, o culto do homem solitário às voltas com as forças da natureza, um tema que representa para nós o fascínio de uma literatura surgida diretamente da vida, aparece em revistas como *True*, comercializado como mito banal.

NEW ORLEANS TAL COMO NOS LIVROS

Estou em New Orleans em plenos festejos do Mardi Gras (o Mardi Gras na América — ou melhor, em New Orleans, o único lugar onde é realmente festejado — é um termo abrangente que designa o Carnaval; a palavra *carnival*, de fato, é em geral empregada para indicar as barracas dos parques de diversão). Chego de manhã cedo, os hotéis já estão todos lotados, é claro, e vou passear pelo Vieux Carré, que é exatamente como aparece nas fotografias, cada casa com uma sacadinha e um portão de ferro batido. Venho do West, onde o "antigo" se encontra sempre em proporções mínimas, inflado e falsificado pela propaganda turística e retórica local, mas devo dizer que New Orleans realmente é toda ela New Orleans, decadente, putrefata, malcheirosa, mas viva.

Numa casa que aluga cômodos no Vieux Carré consigo por milagre — e a um preço extorsivo — um quarto escuro, entupido de coisas poeirentas e desfiadas. Para sair para a indefectível varanda de ferro batido passa-se por um cubículo escuro, onde uma senhora de noventa anos é mantida fechada o dia inteiro. Minha primeira impressão é estar num cenário de Tennessee Williams ou no ambiente de uma história de Truman Capote: aquilo que, a cada vez, sempre me parecera ser um clima fantástico específico deste ou daquele escritor, ou um gosto especial da imaginação comum aos escritores do Sul, que nada!, agora me parece apenas um retrato desses ambientes, sem tirar nem pôr.

Depois entendi que também aconteceu o processo inverso, e foi a literatura a influenciar a realidade. Por exemplo, contam-se histórias extraordinárias sobre muitas casas antigas de New Orleans, mas ouço dizer que Faulkner, quando era jovem e se virava fazendo mil bicos, também servira de guia no Vieux Carré e respondia às perguntas dos turistas inventando histórias. Muitas delas foram transmitidas de boca em boca, tornaram-se patrimônio de todos os cicerones, passaram a fazer parte da história e dos guias oficiais de New Orleans, e já não se sabe mais o que é verdade e o que é de Faulkner.

■ *ITALO CALVINO*

O SINDICATO DO STRIPTEASE

Primeira noite em New Orleans. Estou só, não conheço ninguém na cidade. Ando pelos lugarezinhos de *burlesque* esmolambados na Bourbon Street, uma rua do Vieux Carré. O público se senta nos banquinhos ao redor do balcão semicircular do bar, atrás do qual há um pequeno palco onde as moças apresentam seus números; entre um número e outro, elas se sentam no bar e fazem com que os clientes paguem a bebida. Posso aproveitar para aprofundar meu conhecimento do mundo do *burlesque*. Como as moças costumam conversar com os clientes, permito-me manter a crença em meu principal critério metodológico: o de basear todo o meu conhecimento da América nas relações humanas.

O problema é que cheguei à Louisiana com pouco dinheiro, e garçons ávidos continuam a encher meu copo com um péssimo *scotch* e a fingir que enchem os copos de minhas convidadas ocasionais. Uma das primeiras regras do perfeito viajante é não se furtar ao papel de idiota quando esse papel pode lhe possibilitar o enriquecimento de seu patrimônio cognitivo. Porém, a perspectiva de ficar sem um tostão, naquele quarto horrível, escrever para Nova York pedindo socorro, espiar a chegada do carteiro pelo portãozinho de ferro batido na Royal Street, não me agrada em nada. Apresso-me a dizer a essa Rosabelle, que é a mais conversadora, que estou com pouco dinheiro, pois já se chegou ao ponto de combinar uma *party* em sua casa hoje à noite, após o espetáculo, com ela e uma tal Maude.

Rosabelle protesta com eloquência: "Mas o que você está pensando? Nós aqui ganhamos muito bem! Somos todas filiadas à nossa *union* e os contratos sindicais nos permitem viver confortavelmente com nosso trabalho. Terminado o serviço, fazemos o que queremos, sem pensar em dinheiro".

Tranquilizo-a dizendo que jamais lhe atribuí a intenção de lucrar com atividades extrassindicais, mas que seria preciso diminuir um pouco o ritmo com que o garçom insiste em encher outra vez os copos, exigindo pagamento imediato.

Essa Rosabelle é já um pouco madura, e seu número consiste em passar duas tochas acesas sobre todo o corpo. Maude, por sua vez, é jovem e não desprovida de encantos, mas ostenta, tanto no *striptease* no palco como nas relações com os clientes no salão, um cínico desinteresse e falta de graça. Rosabelle, tendo eu formulado alguns juízos positivos sobre Maude, empenhou-se muito em organizar essa *party*. Maude, para dizer a verdade, estava com sono; nos dias de Carnaval, o trabalho é de esfalfar; os números vão até as três da madrugada e de manhã ela já pega às onze; Maude, além disso, mora fora da cidade e precisa percorrer um longo trecho de carro; mas Rosabelle a convence de que não vale a pena voltar para casa para aquelas poucas horas de sono; eu compraria uma ou duas garrafas de *scotch* e terminaríamos alegremente a noite na casa de Rosabelle.

Todas essas negociações prosseguiam entre interrupções constantes, pois ora Maude, ora Rosabelle iam apresentar seus números. Era meia-noite e meia, estava evidente que elas pretendiam me fazer gastar até o último *cent*, eu já tinha me dado conta de como caminhavam as coisas — o que eu esperava para ir embora e salvar meus dólares? Mas Rosabelle tinha muitas coisas para me contar: sobre a casa na Flórida que construíra com as poupanças do ofício, sobre a filha no colégio, os contratos sindicais (só era reticente em responder se o contrato incluía sua porcentagem sobre a consumação dos clientes); Maude não estava com vontade de falar, mas em seu silêncio expressava uma indolente e sedutora malemolência; depois chegaram alguns marinheiros que Rosabelle conhecia da Flórida, onde ela organizava algumas festas para promover o encontro deles com as moças, de modo que "não terminassem com moças que não se sabe quem são", como me explicou.

Rosabelle começa a me proteger daquele garçom *racketeer* e, a cada vez que ele me obriga nova consumação, ela es-

■ *ITALO CALVINO*

boça um sinal de protesto, diz que não é assim que se tratam os clientes; Maude não diz nada, mas abana a cabeça para me fazer entender que está do meu lado. Estou entre amigos, ora; tão amigos que não querem me deixar ir embora, e minha reiterada proposta de sair e voltar para pegá-las — garanto — por volta das três, quando o lugar fechar, é rejeitada como uma deslealdade inadmissível; mas no fundo quem tem vontade de voltar para aquele quarto mofado e poeirento de drama de Tennessee Williams? Acabei por me afeiçoar a esse papel do estrangeiro um pouco tolo.

OS LIMITES DA CONFIANÇA

Não lembro como a certa altura consegui levantar e ir embora. Talvez porque tenha me ofendido com a história do *traveller's check*. A certo ponto, esgotada minha reserva em dinheiro vivo, precisava trocar um cheque. Mas o garçom não considera suficiente que eu assine o *traveller's check*: ele de repente agarra meu polegar direito, aperta-o primeiro sobre uma almofada de tinta vermelha e depois no cheque, imprimindo minha digital.

"É para o seu bem, para que não ocorram contestações", Rosabelle me explica, enquanto protesto diante do ritual insólito e por ficar com o polegar manchado de um vermelho indelével.

O *traveller's check* é a grande instituição da confiança americana: um cheque que pode ser usado como dinheiro em qualquer lugar, sem apresentar nenhum documento de identidade; basta assinar um endosso sob a mesma assinatura já registrada no ato de compra do talão no banco. Mas a confiança também tem seus limites; quando estamos nas fronteiras do *underworld*, onde a regra é a desconfiança, nem tudo segue tão tranquilo. Já me acontecera isso em Las Vegas.

Saindo de Las Vegas, a cidade dos apostadores profissionais, e tendo de comprar a passagem de ônibus para o Arizona, quero trocar um *traveller's check* de cinquenta dólares. Às vezes acontece que, ao assinar o endosso, apareçam variantes imprevisíveis; foi o que me aconteceu daquela vez. A agência da Greyhound, vendo a assinatura diferente, recusou o cheque, e nem quis aceitar outro cheque de meu talão, pois já suspeitava que eu fosse um ladrão de *checks* e falsificador de assinaturas. Não se costuma pedir documento de identidade a ninguém nos Estados Unidos, imagine em Nevada! E se você os apresenta, não sabem o que fazer com eles. O Greyhound estava para sair, corri até o cassino mais próximo para me trocarem outro cheque, mas, nervoso como estava, saiu uma assinatura ainda mais diferente e o cheque foi recusado. Eu corria por Las Vegas de uma casa de jogos a outra, mas já não conseguia mais assinar direito, continuava a desperdiçar *traveller's checks* de cinquenta dólares com assinaturas inaceitáveis...

DESTINO DE AVENTURAS

Volto a falar daquela noite em New Orleans. Saio do *burlesque*, Bourbon Street está cheia de gente indo em massa de um lugar a outro ou se apinhando em volta de algum negro a dançar ou tocar na rua, e eis que encontro um amigo, um professor israelense. Ele está viajando pelos Estados Unidos como eu, e volta e meia nos encontramos por acaso, na Chinatown de São Francisco ou num *canyon* do Colorado; trocamos impressões; ele sempre manifesta saudades da bucólica serenidade de sua universidade palestina; depois nos separamos, pois ambos gostamos de extrair deste país imprevisível um conhecimento individual nascido das circunstâncias, na certeza de que o acaso nos reunirá outra vez.

Desses brevíssimos encontros, sinto que nasceu em mim uma amizade verdadeira por ele: em diversas ocasiões, compartilhamos as experiências de nossa geração; ele esteve na guerra, lutando no exército israelense, e empreendeu ações

■ ITALO CALVINO

arriscadas e atos de bravura. E me confirma uma ideia que sempre tive: que as pessoas de vida de fato aventurosa são em geral as mais tranquilas, as mais alheias à aventura pela aventura, mas sua atitude aberta e generosa influencia as pequenas escolhas, quiçá insignificantes, que acabam por colocá-las inesperadamente em situações excepcionais.

De fato, sempre acontecem as histórias mais estranhas a esse israelense. Agora ele me conta a última que lhe ocorreu: visitando as famosas grutas de Carlsbad no Novo México, separou-se da comitiva, entediado que estava com as conversas do guia, perdeu-se numa galeria inexplorada e ficou sepultado vivo por vinte e quatro horas. Eu só posso lhe falar de Rosabelle e Maude, e indico-lhe o lugar, recomendando moderação ao beber. (Meu amigo, acostumado à vida austera do kibutz israelense, não tolera bem o álcool, mas — por generosidade e otimismo — bebe da mesma maneira.)

Volto a encontrá-lo outra vez, umas duas semanas mais tarde, entre as salas de uma velha casa colonial de Charleston que funciona como museu. "Como foi em New Orleans?" Leva as mãos ao rosto. No primeiro copo (tinha algum narcótico, ele garante), caiu adormecido. Quando acordou algumas horas depois, na calçada, os quatrocentos dólares que tinha na carteira haviam sumido.

OS ÚLTIMOS NAPOLEÔNICOS

Napoleão deveria fugir de Santa Helena e vir se refugiar em New Orleans. Já haviam organizado o plano de fuga e preparado o refúgio. Mas não deu tempo: o imperador morreu. Em New Orleans, restou a "casa de Napoleão", isto é, a casa que o imperador iria ocupar, que fica aberta aos turistas.

O culto de Napoleão persiste em muitas velhas famílias francesas da cidade e triunfa no gosto dos decoradores e antiquários. Mas é uma questão controversa se o estilo New Orleans é mais francês ou espanhol; o traçado atual da cidade antiga foi dado pelos espanhóis, que a governaram por sessenta anos antes que ela retornasse por alguns meses ao domínio francês, em 1803, e depois fosse vendida por Talleyrand a Jefferson.

Agora a cidade recebeu um estranho presente do governo franquista: placas de cerâmica com os nomes das ruas da época dos espanhóis, de forma a corrigir em cada esquina o ostensivo espírito francês da cidade.

Totalmente diferente é o Garden District, onde as famílias francesas foram morar no século XIX (enquanto o Vieux Carré se tornou bairro dos negros até algumas décadas atrás, quando foi redescoberto como a grande atração turística do South e se converteu em bairro de antiquários, hotéis e bares noturnos): composto por casarões, entre os quais se destacam exemplos admiráveis de *plantation houses*, as casas senhoriais brancas, com colunas na fachada.

Encerrada em seu orgulho aristocrático francês, New Orleans permaneceu como uma das cidades mais pobres e atrasadas dos Estados Unidos, e as consequências da Civil War fizeram o resto; agora ela está retomando certa prosperidade como cidade do petróleo e porto de frutas e minerais vindos da América do Sul. O porto é italiano, sede de um dos mais antigos assentamentos italianos nos Estados Unidos, com famílias oriundas da Sicília e das ilhas Lipari.

O CARNAVAL DE NEW ORLEANS

Mas estou aqui para ver o famoso Mardi Gras, e na verdade ela já é por si só uma cidade carnavalesca, com seu *décor* setecentista, quase como Veneza. Aqui, a própria natureza usa máscara: carvalhos e figueiras dos imensos jardins têm ramos recobertos de *Spanish moss*, um parasita com uma vegetação aérea formando guirlandas.

O Mardi Gras dura uma semana e faz parar a cidade inteira. Os desfiles de carros não têm nada de especial em comparação a Viareggio ou Nice, mesmo porque — dizem — os carros e as máscaras vêm justamente de Viareggio, foram ali usados no ano anterior, e então são revendidos e exportados para cá por empresas especializadas. E nem mesmo o elemento negro, que eu esperava que fosse uma das principais atrações, se destaca muito. Há, sim, negros misturados na enorme multidão, músicos negros nos carros e alguns improvisando danças pelas ruas, mas são uma porcentagem mínima; o único elemento precipuamente negro consiste, nos desfiles noturnos, em quem segura as enormes tochas, muitas vezes movimentando-se de maneira a ressaltar o simbolismo primitivo desse rito.

O fato é que os negros têm seu próprio Mardi Gras, em seus bairros, e ninguém se dispõe a me levar até lá, devido ao perigo representado pelo grande número de bêbados; pelo que ouço dizer, porém, muitos turistas brancos organizam expedições até os bairros negros para ver o Carnaval negro (naturalmente sem sair dos automóveis), que segue um percurso pelas ruas que nunca ninguém sabe com antecedência.

Depois de uma semana de folia, há a explosão final da Terça-Feira Gorda propriamente dita. A cidade toda, mais meio milhão de pessoas vindas de fora, enlouquece por vinte e quatro horas. Vejo que se trata de uma coisa muito grande e única, mesmo em comparação aos modelos europeus, porque o protagonista é o público, que exibe vitalidade e grande imaginação criativa nas fantasias. Um espetáculo coletivo não banal: há mescladas imaginação, alegria, sensualidade, vulgaridade nas devidas proporções, tudo para resgatar a atmosfera decadente do ambiente com ondas de espírito plebeu. A Veneza setecentista não devia ser muito diferente, como peno para explicar numa entrevista para a televisão local.

O frio é intenso, mas há muita gente quase totalmente nua; pena que o número de homossexuais em trajes femininos seja maior que o de moças bonitas: New Orleans é um grande centro de espetáculos de *transvestites*, e homossexuais do país inteiro convergem para cá: o Carnaval é a ocasião ideal para darem largas à sua peculiar genialidade nas fantasias.

As pessoas bebem *hurricanes*, copos altos de rum e suco de fruta e cerveja, cujas latas, jogadas nas sarjetas, já prenunciam a desolação da Quarta-Feira de Cinzas, junto com colarezinhos de pérolas atirados durante os desfiles, que — estranhas vias da distensão — trazem, todos eles, uma etiqueta: "*Made in Czecoslovakia*".

A POÉTICA DOS "DURÕES"

Certa noite, participei de um jantar numa casa do Sul, daquelas em estilo colonial, com colunas na entrada. Era um ambiente de homens de negócio sérios. A conversa girou em torno das eleições, como ocorre com frequência nesses tempos. Um dos convidados explicava por que torcia por determinado candidato. (O importante não era o nome ou o partido: era N., mas os mesmos argumentos poderiam ser usados para outros, ou N. também poderia ser defendido com argumentos contrários.) O conviva dizia que, nos momentos difíceis que os Estados Unidos teriam pela frente, era daquele homem que se precisava, porque era um *tough guy*, um durão, um sujeito *ruthless*, alguém sem papas na língua. Tentei objetar que os momentos difíceis surgem quando não percebemos quais são os problemas dos países do mundo e quando a política da força e o apoio de regimes desacreditados e policiais se antepõem ao estudo e ao empenho para resolver aqueles problemas: assim, agora era o momento para indivíduos sábios e reflexivos — eu disse —, e não para sujeitos *tough*. Ele não me entendia; sim, tudo isso é muito bonito, respondeu, mas, antes de mais nada, é preciso mostrar que somos os mais fortes, ocupamos a dianteira, não damos sinais de fraqueza.

O xadrez da política externa americana prossegue; estávamos precisamente nos dias dos movimentos coreanos contra Syngman Rhee; apesar disso, aquele senhor não entendia que as consequências de seu raciocínio, adotado por muitos anos e ainda amplamente difundido, agora são inevitáveis.

Os jornalistas, os estudiosos, os políticos conscientes do que está acontecendo no mundo têm uma visão ainda limitada do assunto. O futuro certamente reservará outras surpresas desagradáveis para os Estados Unidos. Há apenas a esperança de que, assim como a nova classe dirigente rooseveltiana ganhou força após a Grande Depressão econômica de 1929, tendo sabido criar uma das grandes épocas da civilização americana, dessa crise atual da política externa também surja algo semelhante. Mas talvez seja preciso esperar o amadurecimento de uma nova geração, aquela que ainda está na universidade.

INCÊNDIOS

Nos Estados Unidos, quando os bombeiros chegam, eles sempre trazem uma aragem de cor local, de velha América, com seus capacetes de topo alto que se prolongam até os ombros, as machadinhas e todos os apetrechos dos tempos de aventura, somados a equipamentos de radar próprios de ficção científica.

Em Nova York, tão logo vislumbrava ao longe o halo vermelho de um incêndio tremulando num arranha-céu em Manhattan, eu pulava no primeiro táxi e corria para ver os bombeiros em ação. Às vezes, aos domingos, passando numa rua deserta, me via em meio a caminhões com sirenes estridentes, radares dardejantes, em plena atividade de desdobrar escadas e desenrolar mangueiras: e os bombeiros se lançavam para debelar a golpes de machadinha a porta de um porão. Eu também me metia, queria saber: mortos? Feridos? Uma tragédia? Nada disso: era o inquilino que deixara a torneira da pia aberta ao sair para o *week-end*.

Hoje vi um incêndio em New Orleans, cidade da preguiça,

numa rua do antigo e indolente bairro francês. De uma das casinhas saía fumaça e um pouco de fogo. Um carro dos bombeiros penou um pouco para estacionar, encontrar o bocal onde ligar a bomba, içar a escada até a sacada do primeiro andar. Na sacada havia um homem de roupão que ia e vinha entre a sacada e o quarto com fogo: um homem jovem, robusto, mas com o ar um pouco ambíguo desses sujeitos que moram aqui. Estendia aos bombeiros as malas, os capotes, as roupas nos cabides, um por um, as gravatas, as camisas...

A BOLSA NO INTERIOR

Passo a manhã com um amigo, apaixonado jogador da Bolsa de Valores, na sede local da Merrill Lynch, Pierce, Fenner & Smith. Acompanhando o interior da Bolsa, percebo a importância de todas as máquinas eletrônicas que tinha visto na sede central dessa corretora. E percebo também que, para o homem comum, esta é a maneira mais direta e talvez a única de não viver passivamente a vida de um grande país capitalista: acompanhar na fita as flutuações da Bolsa de Nova York, as variações nos placares eletrônicos, enquanto o teletipo exibe as últimas notícias políticas e econômicas que podem orientar nossas operações. Aqui todos os olhos se concentram dia a dia, hora a hora, na atividade das grandes empresas americanas; você precisa ler o *Wall Street Journal* tão logo chegue; você precisa — neste país onde cada estado parece se preocupar apenas com os interesses regionais, cada cidade com os interesses municipais, e todo o resto se dissolve num repertório genérico de lugares-comuns — dedicar uma atenção concreta e constante ao conjunto do sistema.

Paradoxalmente, poderíamos dizer que a verdadeira instância democrática dos Estados Unidos é a Bolsa de Valores: mesmo não oferecendo nenhuma possibilidade de influir em coisa alguma, a não ser no andamento do mercado especulativo, ela mantém o indivíduo inserido na engrenagem decisiva do mecanismo geral. Num país onde os cidadãos que seguem (e em certa medida conseguem condicionar) a política dos partidos e dos parlamentares são em geral porta-vozes de interesses particularistas e muito frequentemente reacionários, onde o trabalhador sindicalizado se recusa a pensar noutra coisa que não seja a estrita melhoria econômica da categoria, a multidão — imensa — de pequenos acionistas, pequenos operadores desse sensibilíssimo sistema de especulação financeira, constitui um dos elementos — sempre de natureza democrática e sempre de certa forma contraditórios — que são os fundamentos da realidade americana.

O SUL PROFUNDO

Atravesso o Alabama e a Geórgia de *bus*. Lá fora, os campos pobres; as casas dos negros são tugúrios de madeira.

O *bus* não traz mais a linha divisória entre os assentos de brancos e de negros, mas ainda vigora o acordo tácito de que os negros ficam no fundo e os brancos na frente do ônibus. Quando a parte negra do veículo — isto é, aquela na frente da qual tem algum branco sentado — está toda ocupada, os negros que subirem no *bus* devem ficar de pé.

Mas as letras garrafais em "*White*" e "*Colored*" nos bancos separados onde se espera o *bus*, nas salas de espera, nos *toilettes*, em todos os locais onde as duas partes da população devem se encontrar, são exageradamente taxativas e dramáticas, como as placas de proibição num território em guerra, que impressiona o viajante, tanto o europeu como o americano dos estados do Norte. Sente-se que de fato estamos num território em guerra, que a coexistência de raças diferentes não se dá num clima de acomodação ou adaptação natural como ocorre em outros lugares, que a luta dos antigos senhores para não se deixarem submeter pelos antigos escravos dura há quase cem anos e demanda uma tensão continuamente alimentada pela vontade.

A primeira coisa que percebemos, por menos que nos embrenhemos no "Sul Profundo", é que é impossível escapar a essa questão racial. Todos ficam hipnotizados, brancos e negros; não se fala de outra coisa; a política se restringe a esse único tema; os negros parecem excluir qualquer possibilidade de inserir seus problemas num plano mais amplo de renovação social e produtiva; os brancos não conseguem sair do particularismo regional, da defesa contra a pressão negra que acreditam ser instigada por seus inimigos seculares: os *easterns* (habitantes da East Coast), também chamados *yankees*.

Vi os primeiros indícios dessa obsessão em New Orleans. Eu estava de saída para o aeroporto e entraram na *limousine* alguns senhores do interior da Louisiana, que voltavam, acredito, de alguma *convention* local. Conversavam entre si, sem saber que eu era de fora; e do que vocês acham que falavam? Invectivavam contra os *easterns* que, a cada eleição em vista, contam com os negros, porque não sabem o que isso significa; lá em cima há poucos negros; gostaria de vê-los aqui em minha *little town*, onde há quarenta negros para um etc. etc., os discursos que desde sempre se atribuem aos brancos do Sul.

Em viagem, a cada vez que vemos pessoas fazendo e dizendo aquilo que se espera delas, a primeira sensação é de satisfação. "Ah, finalmente vi! Não estou perdendo nada daquilo--que-todo-bom-viajante-nos-Estados-Unidos-deve-ver!" Mas depois, repensando, sentimos um grande tédio.

ENVOLVIDO

Com essa sensação de tédio resignado, me preparo para visitar os estados do velho Sul. "Sim, sem dúvida terei de me ocupar também dos racistas, dos negros, da segregação." Sentimos um desconforto peculiar quando estamos diante de problemas que não deveriam mais ser problemas para ninguém — o racismo, a intolerância religiosa, ou (entre nós na Europa) as minorias nacionais de fronteira —, aqueles problemas que a consciência do mundo moderno debateu, estudou sob todos os aspectos e por fim relegou aos destroços do passado; mas que nada, tropeçamos novamente neles, imóveis, anacrônicos, paralisantes, a despeito de todo o resto se mover. O que posso aprender e o que posso dizer sobre o problema racial no Sul, além de tudo o que já se disse e se escreveu nos últimos cem anos? Prometia a mim mesmo que passaria por lá levando em conta esse aspecto apenas de relance, como algo já sobeja e tristemente conhecido. No entanto, ocorreu o contrário: estou totalmente imerso nele. A luta dos negros do Sul não é mais um fato distante e estrangeiro, mas algo que me concerne, e não sinto apenas aquela solidariedade muito genérica de qualquer um que não seja um reacionário declarado diante de toda e qualquer luta pelos direitos humanos. Mas o que mudou? Eu já não sabia de tudo isso? O que mudou foi o seguinte: vi, conheço os rostos, de uns e de outros, as atitudes, e agora não posso mais me esquivar, aqueles tumultos, que ainda prosseguirão sabe-se lá por quantos anos, agora são uma questão minha também.

O CONSELHO DE GUERRA

Estou em Montgomery, capital do Alabama, o pior estado segregacionista. E é precisamente aqui que vêm acontecendo algumas novidades, coisas que nunca aconteceram na história do Sul: os negros começaram a lutar. Desvencilhando-se de uma resignação que parecia eterna, os negros do Sul, ou melhor, os da geração jovem, estão vivenciando suas primeiras formas de luta, formas novas que se inspiram na "não violência" de Gandhi. O líder do movimento é o doutor Martin Luther King, um jovem pastor negro da Igreja batista que até pouco tempo atrás era pastor aqui em Montgomery e agora transferiu seu púlpito e seu quartel-general para Atlanta, na Geórgia, onde a concentração de massas operárias fornece uma base mais compacta ao movimento.

Nesses dias, a situação é tensa em Montgomery. Todos os jornais americanos comentam o caso dos nove estudantes expulsos da universidade negra por terem tentado sentar no café do Tribunal Estadual. (Como vocês sabem, sentar silenciosos e impassíveis em lugares proibidos, sem reagir aos insultos, às cusparadas e às pancadas dos brancos, é uma das principais formas de luta adotadas pelos negros defensores da não violência.)

Quando chego a Montgomery, fico sabendo que as coisas estão fervendo e King está na cidade. Consigo encontrar os contatos que me permitem me aproximar dele. É um sujeito muito sólido e hábil, com cerca de quarenta e cinco anos, de bigodinho; nada faz pensar que seja um eclesiástico. Estamos na sacristia da igreja que agora é dirigida pelo doutor Abernathy, sucessor de King, um jovenzinho gordo de bigode, com ar de músico de jazz. Também estão presentes outros dirigentes, quase todos pastores da Igreja batista.

É evidente que King não dispõe de tempo para conversar comigo. Me dou conta de que na sacristia está ocorrendo uma espécie de conselho de guerra. Sento num canto e fico ouvindo. Os *leaders* precisam decidir que linha de ação dos estudantes vão apoiar, em resposta à expulsão dos nove. Nesse exato momento, tem lugar em outra igreja batista um *meeting* dos jovens da universidade negra, e esperam a intervenção de King.

Há a proposta de realizar no domingo à tarde uma passeata de protesto até o Capitólio de Montgomery. King examina com os outros pastores os prós e os contras. Essa forma de protesto, inatacável do ponto de vista legal, tem, porém, fortes probabilidades de fracassar. Quais as repercussões em caso de insucesso? O governador pode mandar fechar a universidade negra? Prevalece o critério mais corajoso. Decide-se tentar a ação. King e Abernathy se encaminham para o *meeting* dos estudantes. Sigo-os.

■ ITALO CALVINO

O MEETING DOS JOVENS

Entro na igreja repleta de jovens. Sou o único branco entre três mil negros. Os nove expulsos estão no estrado. Oradores das associações estudantis se sucedem na tribuna. Moças e rapazes se empoleiram até nos peitoris das janelas altas, no piano, nos pedestais das colunas. Nos rostos, as mais variadas expressões: dos atônitos, com um antigo torpor pesando nos olhos, até os resplandecentes de inteligência, beleza, orgulho ágil e vivaz. Destacam-se as moças, algumas longilíneas e altivas, com traços de gazelas intelectuais, outras tímidas e taciturnas.

Saudado por explosões de entusiasmo, King toma a palavra. Tanto ele como os outros *leaders* religioso-políticos são oradores ardentes e valorosos. É uma eloquência séria, racional, sem nenhum traço da habilidade dos pregadores negros de *revival*, que consiste em levar o auditório a uma espécie de paroxismo místico-fisiológico. Aqui falam o sentimento e a razão. O auditório responde com combatividade e sarcasmo.

O *leitmotiv* de todos os discursos, além do Evangelho, é a referência à Declaração dos Direitos, a confiança numa essência democrática da nação americana, para além das mais estrepitosas mostras em contrário. Encerrados nesse trecho de terra indócil e hostil, para esses jovens a democracia dos Estados Unidos ainda é uma realidade viva, tal como sempre é vivo aquilo que ainda se está conquistando.

O ESTADO-MAIOR NEGRO

Os dirigentes negros — eclesiásticos, advogados, sindicalistas, aproximei-me de vários nesses dias, de tendências diversas, inclusive divergentes de King — são indivíduos lúcidos e decididos, completamente despidos daquele pathos negro que aqui caracteriza as pessoas de cor e as torna atraentes para nós, despidos da atitude americana de se fazerem simpáticos a todo custo ou especialmente gentis (mas, é evidente, eu era um desconhecido estrangeiro que vinha bisbilhotar em dias dramáticos para eles).

O púlpito é a única tribuna que os *leaders* negros do Sul podem usar (e o tribunal também; muitos resultados do movimento se devem à reconhecida qualidade dos advogados negros). O método da não violência é uma arma política adotada sem qualquer aura mística, com a habilidade controlada que aprenderam com o extremo rigor de suas condições. Isso não impede que a moral religiosa seja a base ideológica da ação desses homens, o tema principal de sua oratória, o argumento polêmico usado seguidamente contra a hipocrisia dos brancos.

O DOMINGO NEGRO DE MONTGOMERY

Assim, aqui estou eu numa ampla e íngreme *avenue*, cheia de gente. Pessoas em sua maioria malvestidas, iracundas, ameaçadoras; de vez em quando gritam, soltam impropérios e frases impacientes. É contra uma igreja que gritam: da igreja eleva-se um hino religioso e a multidão cobre o coro dos fiéis com pilhérias, escárnios, risadas. Na igreja estão os estudantes negros, na rua se apinham os brancos, em especial *poor whites*, os famosos "brancos pobres" do Sul, ignorantes, violentos e fanaticamente racistas. É uma das primeiras provas de força entre negros e brancos no Sul, esta que testemunho hoje, domingo, 6 de março de 1960, um acontecimento que talvez venha a ser lembrado na história dos Estados Unidos. Lembrado, percebo já desde os primeiros instantes, como uma derrota dos negros, uma das primeiras batalhas travadas e perdidas, por meio das quais o movimento irá se fortalecer.

O Capitólio do estado do Alabama, um edifício branco neoclássico ao estilo do Capitólio de Washington, é um monumento caro à nostalgia dos brancos de Montgomery, orgulhosos em mostrá-lo aos visitantes como o primeiro Capitólio dos suli-

■ *ITALO CALVINO*

nos (do início da Secessão, antes que a capital confederada se transferisse para Richmond). À direita da Dexter Avenue, não distante do Capitólio, fica a igreja onde os estudantes negros estão reunidos para iniciar — como haviam anunciado publicamente após o *meeting* de sexta à noite — sua passeata pacífica até as escadarias do Capitólio, em sinal de protesto contra a expulsão da universidade dos nove companheiros.

É uma e meia da tarde: a hora estabelecida para a saída da passeata. Subindo pela Dexter Avenue, vejo o Capitólio cercado por uma fileira de policiais com cassetetes; são os voluntários da Highway Police, a polícia rodoviária, com chapéu de *cowboy*, colete azul-escuro e calças cáqui. As calçadas e o canteiro central da *avenue* estão apinhados de brancos: há grupos de homens que — logo percebo, observando seus movimentos e contatos — formam equipes vigiando todas as esquinas. (Aqui, a Ku Klux Klan é organizada quase às claras e ultimamente deu muito o que falar.) Entre a multidão, que solta gritos de provocação e imita grasnidos de corvos contra os negros, há também burgueses de ar tranquilo, famílias com crianças e, naturalmente, os eternos fotógrafos diletantes, felizes em retratar acontecimentos dominicais tão insólitos. A atitude desses últimos grupos não é de ódio fanático como a dos *poor whites*: é de derrisão mesclada com curiosidade e surpresa, como se estivessem vendo macacos a reivindicar direitos civis. (Parece que ninguém aqui jamais imaginara que os negros podiam encasquetar com certas coisas.) Aqui e ali, na calçada, à parte, há também alguns grupinhos de negros, homens e mulheres, com roupas de domingo, parados e quietos, olhando.

A espera desperta impaciência. Os negros já devem ter terminado o culto religioso e precisam se decidir a sair. Mas aonde podem ir? O Capitólio está cercado de policiais, nas calçadas apinha-se a multidão branca ansiosa por usar os punhos, desafiando-os a sair. Então os negros, tendo à frente seus pastores com os paramentos religiosos, tentam sair em passeata da igreja. De toda a *avenue* a multidão branca acorre contra eles, aos gritos.

Um pisotear de cavalos: das ruas laterais chegam equipes de *cowboys* a galope, armados de bastões e revólveres. Usam braçadeiras com a sigla CD: Civil Defense, uma milícia local de voluntários da "ordem pública". Entre eles o xerife, também a cavalo. Com as sirenes a mil, entram em cena os carros dos bombeiros, que apontam os hidrantes ao redor.

O xerife fala ao microfone: intima os negros a voltar para a igreja, todos os demais, brancos e negros, a se dispersarem. (A rádio e a televisão hoje à noite e os jornais amanhã cedo elogiarão o trabalho da polícia, imparcial, preocupada apenas em evitar incidentes.) Na verdade, policiais e milicianos se limitam a advertir os brancos que, se ficarem, será por risco e conta própria, enquanto os estudantes, em sua maioria, são empurrados de volta para a igreja e os poucos grupinhos de negros espectadores são dispersados com brutalidade, afastados para as ruas laterais.

A situação é sempre sem saída. Os estudantes negros são acuados para a igreja; os brancos continuam donos da rua; somente os mais pacíficos entre eles obedecem às recomendações da polícia; os que ficam estão cada vez mais ameaçadores, e eu, que quero assistir até o fim, me vejo rodeado por rostos cada vez menos tranquilizadores, mas também pelos grupos de rapazes que estão ali para ver algo engraçado, para tumultuar. (Claro que vim sozinho; os pouquíssimos brancos antissegregacionistas das redondezas são conhecidos demais e servem de alvo para as represálias da Ku Klux Klan; comparecer a tais ocasiões seria para eles um risco inútil.)

Os *leaders* negros negociam com o xerife. Obrigados a renunciar à passeata, só lhes resta mandar seus homens para casa. Mas como? O xerife permite que os negros saiam da igreja aos poucos, em grupos de não mais de três ou quatro por vez, e se afastem; a polícia lhes garante que passarão incólumes.

Então começa o espetáculo mais penoso. Os negros derrotados deixam a igreja em grupinhos pequenos; descem as calçadas da Dexter Avenue onde se aglomeram os brancos, e silenciosos, com a cabeça erguida, empertigados em suas roupas de domingo, vão embora entre as gargalhadas, os insultos, os gestos de ameaça e escárnio.

A cada insulto ou zombaria lançada por um branco, os outros brancos, homens e mulheres, estouram em risos, às vezes com uma insistência quase histérica, mas às vezes só bonachões. E estes são para mim os mais terríveis, esse absoluto racismo bonachão. Psicologicamente, não é difícil entender o fanatismo do *poor white* que, não conseguindo sair da miséria crônica, concebe como único orgulho o fato de ter a pele branca, de pertencer à raça dos dominadores, e fica tão mais furioso quanto mais vê os negros tentarem alcançar um nível social mais alto (e aqui estavam, justamente, perante negros universitários). Mas e os outros, os que não são fanáticos, mas apenas trocistas quase indiferentes? De vez em quando, tenho a impressão de ver entre os brancos um rosto que não é feroz nem alegre: talvez, penso, seja alguém que veio aqui como eu, só para ver, para saber. E então um dos fanáticos solta uma frase obscena ou inflige uma humilhação a um negro, e vejo o rosto do desconhecido se iluminar, aflorar um riso em seus lábios.

Vi o suficiente, vou lembrar esses rostos até o final da vida, agora só quero ir embora. Mas sinto que preciso permanecer até o fim. Nesse exato lugar, perto dos grupos mais arruaceiros. Mesmo quando sinto vontade de me enfiar debaixo da terra, de vergonha e impotência, quando vejo se aproximar um grupo de moças negras. De todos os negros, as moças são as mais corajosas: descem duas a duas, conversando entre si, altas, desenvoltas, com flores enfeitando o cabelo, o vestido e os sapatinhos de domingo, e os sujeitos cospem no chão na frente dos pés, ficam parados no meio da calçada obrigando-as a andar em zigue--zague, desatam a berrar e ameaçam passar rasteira, e as jovens negras continuam a conversar entre si, sorridentes, não mostram nenhuma intenção de evitá-los; se veem o caminho bloqueado por um grupo dos mais ameaçadores, não mudam de calçada, mas chegam até o nariz deles, como se não os vissem e fazem apenas um leve desvio para passar por eles, serenas, imperturbáveis, negando com a maior simplicidade a existência dos perseguidores, eliminando-os da categoria dos homens.

UMA ESCOLA DE DIGNIDADE

Essa conquista de uma dignidade que se impõe aos brancos é um dos grandes resultados do movimento de King. Comentei que a polícia dispersou bruscamente os grupinhos de espectadores negros espalhados pela *avenue*. Muitos desses negros se afastavam quase de ré, parando de vez em quando e se virando com um meio sorriso para o policial que os ameaçava, um ar meio de zombaria, meio de cachorro que apanhou; reconheci qual deve ter sido a atitude tradicional do negro do Sul nos últimos cem anos perante as prepotências dos brancos: uma espécie de resistência passiva natural, mas humilhada, sem dignidade, sem estilo. E comparando a atitude desses negros à dos negros que depois vi sair da igreja, isto é, os militantes de King, entendi a força do ensinamento moral que haviam adquirido. Estes, mesmo derrotados e escarnecidos, tinham um estilo que confirmava sua superioridade diante da amorfa vulgaridade branca.

O MOVIMENTO NEGRO

Outra razão da superioridade negra é estarem acostumados a tais cenas desde o nascimento. Já os brancos não estão de maneira nenhuma acostumados à resistência negra, e nem esperavam por isso, jamais tinham visto negros ousando tais coisas e, naturalmente, não conseguem explicá-las a não ser com a clássica cantilena da infiltração comunista.

A primeira luta de massa dos negros de Montgomery foi o boicote aos ônibus, em 1959 (depois da prisão de uma negra que quis se sentar no lugar dos brancos), e foi vitoriosa. Depois, tentou-se uma ação judicial para franquear aos negros o parque dos brancos, mas a prefeitura mandou fechar todos os parques, e assim a cidade passou todo o verão sem parque público, sem piscina, sem um local para levar as crianças para brincar, e ainda continua sem. (Este é um prejuízo apenas para os pobres, é claro; os ricos possuem seus belos *country clubs* particulares.)

O movimento dos negros não tem um ideário político ou social específico, a não ser a igualdade de direitos. Pergunto-me se há o risco de que os negros do Sul, uma vez conquistada a igualdade (mas esse dia ainda está muito longe), se tornarão rematados conservadores, como ocorre sistematicamente nos Estados Unidos com as minorias ex-pobres, tão logo passam a dispor de alguma força. De fato, em Nova York, onde políticos negros ocupam importantes cargos administrativos locais, eles têm fama de estar entre os políticos mais reacionários e corruptos. Um dos principais impulsos democráticos da América, a ascensão de novos grupos sociais, nem sempre representa um acréscimo de democracia no terreno dos poderes representativos. Agora, me parece que esse movimento negro do Sul também é, desse ponto de vista, uma novidade e uma esperança, uma vez que ele adquire força com uma luta extremamente árdua, inspirada por uma ideia, por uma moral. Os movimentos políticos sustentados por ideias não têm sorte nos Estados Unidos. Os negros conseguirão?

OS ALIADOS

Depois fico sabendo de um detalhe nos acontecimentos da Dexter Avenue que não tive ocasião de notar. Na frente da igreja batista havia um grupinho de brancos torcendo pelos negros, liderado por um ministro da Igreja metodista. (É a única personalidade branca de Montgomery que tem coragem de assumir essa posição e, por isso, sua casa e sua igreja foram alvo de atentados com explosivos da Ku Klux Klan.) O pastor metodista havia organizado um serviço de seus fiéis brancos para conduzir os negros a salvo da porta da igreja até os automóveis. Mas, repito, eu não vi: minhas imagens são de uma luta total entre as raças, de um racismo aceito como regra fundamental da sociedade.

O que mais impressiona um europeu é tal situação persistir numa nação em que três quartos da população não é segregacionista. Mas a autonomia dos estados é um fato que dificilmente entendemos sem uma experiência direta; é uma autonomia também moral, uma impermeabilidade às influências de fora. Aqui se está mais longe do alcance da autoridade de Washington e da opinião pública de Nova York do que se estaria numa ilha remota.

Um dos méritos de King foi fazer com que os negros do Sul entendessem que não estão sozinhos, ligando-se aos temas morais do movimento de libertação dos povos ex-coloniais; sua recente viagem a Gana, Egito e Índia tem um valor simbólico cuja extensão não pode ser avaliada em termos imediatos.

EM TERRA INIMIGA

Vim com cartas de apresentação não só para o movimento antissegregacionista, mas também para a sociedade ultrarracista e ultrarreacionária, e, impelido pelo gosto de complicar as coisas, alterno encontros num e noutro campo. Isso significa dividir meus dias entre deslocamentos acrobáticos, para ocultar a essa parcela de meus anfitriões — pessoas, sob outros aspectos, extremamente gentis — minhas *démarches* mais comprometedoras. Às senhoras que indagam, um pouco alarmadas, sobre o que faço, devo responder de modo evasivo e cauteloso. (Ademais, eu criaria incômodo para meus amigos negros e filonegros se os adversários soubessem que eles mantêm contato com um estrangeiro branco.) Numa cidade como Montgomery, um forasteiro chama imediatamente a atenção: preciso concentrar em pouquíssimos dias meus contatos com os diversos grupos sociais, antes que a Ku Klux Klan se dê conta de meus itinerários.

Do *meeting* dos estudantes negros corro para o teatro, onde a sociedade branca se reúne em trajes de noite para uma das raras "estreias" da temporada: uma companhia de balé que vem, nada mais, nada menos, de Chicago. O clima de gala, a meus olhos, está carregado de uma tensão subterrânea, como uma festa numa cidade sitiada. "O senhor não deve ter percebido", me dizem, "mas nesses dias em Montgomery há pessoas querendo armar confusão... Tudo tramoia daquele diabo daquele doutor King, o senhor decerto nunca ouvir falar nele..."

No domingo à tarde, depois de assistir às cenas da multidão que escarnecia dos negros na Dexter Avenue, vou me encontrar com uma senhora de uma das famílias mais ricas e renomadas da cidade. Pela primeira vez tenho a impressão de que minha maleabilidade nas atitudes — principal dote do viajante que quer abarcar em pouco tempo o máximo de conhecimento possível — não virá em meu socorro. Volto para o hotel, fecho as persianas do quarto, sento no escuro, recorro a minhas capacidades de *relax*, tento afastar aquelas imagens de meus olhos. Não consigo. Ainda estou com os nervos tensos quando me apresento à senhora — é uma mulher com cerca de sessenta anos, autoritária, brusca, e que em outras circunstâncias eu julgaria simpática — que me levará de automóvel para conhecer os lugares mais importantes da cidade.

A primeira etapa é a indústria de sua família, uma pequena fábrica de produtos alimentares, no bairro industrial que, com as poucas fabriquetas em condições penosas, reflete a situação real que serve de pano de fundo à questão racial: uma economia pobre, de país subdesenvolvido, sem perspectivas nem para brancos nem para negros.

Quanto aos acontecimentos da tarde, não falo nada e a senhora também não menciona. Passamos pela Dexter Avenue, poucas horas antes tumultuada, agora calma e deserta. Diante da igreja batista, finalmente a senhora rompe o silêncio: "O senhor não sabe, hoje mesmo, dia ruim... esses negros... mas pense um pouco, coitadinhos!... puseram na cabeça... ah, ah... ter direitos iguais... direitos iguais, pobrezinhos!", e ria, certa, *como os brancos do Sul sempre estão absolutamente certos*, de me ter ao lado dela, de compartilhar seu sarcasmo, de me sentir cúmplice.

"Mas agora a vontade já passou", diz rindo, "a vontade dos negros passou... pelo menos por algum tempo..."

O que devo dizer? Fico quieto. Estamos no monumento a Jefferson Davis. Começamos a visita às lembranças da Confederação, que pululam pela cidade. Educada e orgulhosa, minha guia me leva em peregrinação à casa dos grandes homens do lado sulista, aos lugares sagrados da história local que se entrelaça com a história de sua família. Em toda cidade do Sul, essas referências a fatos, locais e pessoas da Guerra da Secessão dominam todas as conversas, e sempre com uma emoção compungida, um patriotismo dos derrotados que permaneceu milagrosamente intacto por cem anos e uma implícita certeza de que o visitante há de compartilhar dessa emoção, sem sombra de dúvida, como se a eventualidade de que alguém pudesse estar do lado de Lincoln e dos nortistas fosse descartada a priori. Aqui estamos ainda, depois de cem anos, em território inimigo.

O ESPINHO NO FLANCO

No Sul, quando dizem "a guerra", "antes da guerra", "depois da guerra" — e dizem com frequência —, não se referem à

■ *ITALO CALVINO*

Primeira nem à Segunda Guerra Mundial, nem à guerra mais recente da Coreia: referem-se "àquela guerra", sempre "aquela", que perderam e que arruinou a região, como se tivesse acontecido ontem. E realmente aconteceu *ontem*: após a Guerra de Secessão, o Sul parou, sua economia foi ficando para trás em relação ao desenvolvimento impetuoso do restante do país.

Se comparamos a submissão dos sulistas aos *yankees* a outro famoso exemplo de libertação mal conduzida — a submissão da Itália bourbônica pelos piemonteses —, podemos até nos consolar: os compromissos da classe dirigente vitoriosa com a classe dirigente derrotada e o desinteresse dos vencedores em reerguer a economia dos vencidos geraram na América consequências que, levando em conta as proporções, certamente não são menos graves do que na Itália.

O recrudescimento do problema racial no "Sul Profundo" é compreensível apenas nesse quadro de atraso e estagnação econômica. De fato, se agora há algum avanço e melhora, é porque vem se delineando uma situação diferente, em que as grandes empresas do Norte (na década passada, receando uma guerra, elas tentaram descentralizar a produção) têm criado novos complexos industriais também no Sul. Mas a exportação de capitais não pode ser a solução para os problemas de uma economia atrasada que abrangem uma área tão ampla. (A agricultura do Sul sofreu com a crise de 1929 um último golpe do qual não conseguiu mais se recuperar, enquanto no resto do país a mesma crise marcou o início de uma nova era no campo: a mecanização.)

Somente Roosevelt teve a autoridade e a coragem de intervir no Sul com os instrumentos modernos do planejamento econômico, mas depois dele não houve quase nenhuma novidade nesse sentido. No entanto, é aí que hoje reside toda a questão: a *prosperity* americana de um lado, as economias subdesenvolvidas de outro. A política das grandes *corporations* americanas não sabe ou não pode encontrar uma solução. E essa incapacidade é o calcanhar de Aquiles da América, tanto na política interna como na política externa, com esse espinho do Sul que traz cravado no flanco.

OS HOMENS DE ESQUERDA

Quando será possível escrever uma história dos americanos de esquerda desses anos, da esquerda que vai além da ala *liberal* do partido democrático e que ficou excluída e isolada por mais de uma década? Mas o mais importante seria a história humana, pessoal, familiar, desses homens que enfrentaram processos, investigações, ostracismos, humilhações, dos que aguentaram firme, dos que estão fechados em si mesmos, dos que desistiram no meio, dos que abandonaram totalmente. As atitudes psicológicas que se notam nesses homens, ou melhor, nessas famílias (em tais situações, a atitude das esposas é fundamental), apresentam uma gama que vai do pessimismo mais desiludido ao otimismo mais obstinado, do possibilismo mais incerto ao sectarismo mais fechado, do recuo para um amargo cinismo ao moralismo mais intransigente.

Entre todos, o drama que se sente mais intensamente é o dos homens de esquerda do Sul, defensores dos direitos dos negros, mantidos à distância da sociedade branca como traidores, e naturalmente inclinados a ver a situação sob a luz mais desesperada. Entre eles se encontram pessoas que, nos tempos de Roosevelt e da guerra, ocuparam cargos importantes em sua cidade, na capital ou em Nova York, e agora têm uma vida difícil, chocando-se diariamente contra o muro da hostilidade implacável de seus conterrâneos.

Entre os americanos de esquerda, muitos são filhos de imigrantes, americanos de segunda geração. É notável como esses críticos da América nunca demonstram nostalgia de outra pátria, nem mesmo a título de comparação, como o processo de imigração é irreversível (a questão dos "exilados", desde os tempos de Henry James até hoje, sempre foi um fenômeno li-

■ *ITALO CALVINO*

terário, de estetas e não de políticos), como a problemática política, a psicologia e os sentimentos estão, para eles, indissociavelmente enraizados nesta América feita de esperança, de sofrimento e de dor.

UMA CIDADE

Minhas impressões do Sul seriam sombrias se eu não tivesse descoberto Savannah. Parei em Savannah, na Geórgia (para pernoitar, dar uma olhada geral de manhã e ir embora), atraído apenas pelo nome bonito e por alguma vaga ressonância que despertou em minha memória, mas nunca ninguém recomendou que eu a visitasse, ninguém entre as centenas de pessoas que encontro e que me cumulam de conselhos para minha viagem. E é a mais bela cidade dos Estados Unidos.

Digo desde já que outra cidade belíssima é Charleston, na Carolina do Sul, bem mais famosa, e certamente mais sugestiva devido às maravilhosas casas setecentistas que dão para jardins semitropicais e silvestres, mas é o fascínio da decadência e do abandono. Savannah, porém, permanece praticamente intacta, tal como era nos tempos prósperos do algodão, preservada em seu asseio por uma diligência cívica que percebemos ser constante até hoje.

É uma das poucas cidades americanas construídas segundo um projeto urbanístico, de extrema regularidade racional e mesmo assim com variedade e harmonia: a cada duas esquinas há uma pequena *square* arborizada, sempre igual e sempre diferente, dando encanto às construções *Ante Bellum*, como dizem aqui (isto é, antes da Guerra de Secessão), ou mesmo da época colonial. O porto, que é o único recurso atual da cidade, também conserva um inestimável sabor de velha América.

É um prazer que eu havia esquecido: o prazer de sentir uma cidade, uma cidade que seja a expressão de um nó de civilização, de uma continuidade histórica, uma cidade como há tantas na Itália, uma cidade, digamos, como Piacenza. Nunca passei mais que algumas horas seguidas em Piacenza, entre um trem e outro, mas a única pena que sinto de vez em quando nessa minha viagem é pensar que aqui não há nenhum lugar onde se possa descer do trem e encontrar uma cidade como Piacenza. E eis que, quando menos espero, passeando uma manhã por Savannah, encontro uma sensação totalmente diversa, mas de algum modo com o mesmo valor.

A alegria da descoberta não me impede de perceber que é uma cidade absolutamente, mortalmente tediosa. O segredo de sua conservação reside em sua meticulosidade; não por acaso, a figura mais famosa do local é a fundadora das *girl-scouts*, das meninas bandeirantes. Nos quartos de hotel, há em toda parte pequenos cartazes com instruções sobre os procedimentos em caso de alarme aéreo: são cartazes recentes, para a próxima guerra, e não que ficaram ali desde a guerra passada.

É tediosa, sim (e, de fato, nunca aparecem visitantes, embora disponha de uma estrutura turística de excelente categoria e saiba apresentar suas atrações históricas e urbanísticas com uma classe desconhecida em outros lugares), mas cheia de estilo, de racionalidade, de protestantismo, de Inglaterra: encantadora. Aqui também, como em todo o Sul, as senhoras mais idosas só falam de seus antepassados, mas agora finalmente tenho uma ideia do que era essa famosa civilização do velho Sul, o caráter senhorial do velho Sul, o paternalismo em relação aos negros do velho Sul (que aqui ainda vigora como atitude sentimental), tudo envolto numa atmosfera de digna pobreza e desilusão.

PAISAGEM DA AMÉRICA

Indo de costa a costa e de Norte a Sul, a natureza muda, com contrastes menos bruscos do que na Europa, mas levados a maiores extremos. E menos ainda muda a paisagem das coisas humanas, as casas, os campos e as cidades; há um cenário

■ *ITALO CALVINO*

arquitetônico de fundo que varia conforme estamos nas antigas treze colônias (e, entre elas, se são as do Norte ou as do Sul), nas terras dos pioneiros ou nos estados ex-espanhóis, mas os traços da América industrial moderna e consumista se sobrepõem e unificam todo o país; o pequeno povoado é igual em todas as partes, com os mesmos cartazes, quiosques, bares, *cafeterias* e revendas de carros usados.

Um desses elementos unificadores, o mais bonito em termos visuais e formais, puro arrojo e precisão, é o trevo rodoviário a que sempre se chega na entrada das cidades: faixas de asfalto suspensas sobre pilares altos e níveis diferentes que se unem e se sobrepõem, com pontes cheias de curvas em subidas e descidas. Essa paisagem abstrata que sempre encontramos, de Chicago a New Orleans, pode ser o verdadeiro símbolo da América contemporânea. (O arranha-céu representa apenas a paisagem de Nova York e um trecho de Chicago; e, como objeto em si, já é antiquado, mesmo quando se apresenta com as belíssimas formas modernas das novas construções em aço e vidro da Madison Avenue.)

AS LEITORAS DE JOYCE

Em Washington, a família com a qual tenho mais amizade é a de F. Ele dá aula de literatura numa universidade, tem cerca de sessenta anos, como sua mulher, e o casal tem duas filhas jovenzinhas. Uma família muito normal, americanos de linhagem anglo-saxã protestante, não famosos, bem remediados, bem-pensantes e sem preconceitos, com um asseio moral, uma serenidade e gentileza natural não raras neste país, normalmente despido de hipocrisia, mas muitas vezes com o único inconveniente (para mim, último fiel do mito da América *tough*, brutal, agitada) de um peso intangível de tédio.

(Estamos nos *suburbs* de Washington, um universo de avenidas, varandas, jardinzinhos e pequenas colinas verdejantes que avança do District of Columbia para os estados vizinhos e torna ainda mais imaterial e abstrata essa capital nobre e espaçosa, mas tão pouco urbana: talvez a cidade mais calma, ascética e utópica do mundo, mas sem dúvida também a mais tediosa.)

Todavia, na família F., a paz é avivada por um fogo interior, um ardor intenso e comunicativo, como entre os fiéis de um culto secreto. E esse culto é a literatura.

A senhora F. tem um belo rosto iluminado, um olhar, como se diz, inspirado, como se fitasse além do horizonte. Quando jovem, ao terminar o *college*, foi a Paris, de férias: eram os anos 1920, da "geração perdida", dos artistas americanos exilados voluntários. Para muitos americanos mais sensíveis, a Europa pode representar a revelação de si mesmos, de sua vocação, da verdade que devem buscar na vida. Para a senhora F., foi a palavra dos poetas, dos escritores mais difíceis. De volta à pátria, traduziu poetas franceses, daqueles mais permeados de invenções verbais, de concentração de significados.

Mas sua verdadeira felicidade é de leitora: leitora de James Joyce, em especial do texto mais obscuro e quase indecifrável do escritor irlandês: *Finnegan's Wake*.

Lê algumas páginas de Joyce diariamente. "Ai se relaxarmos", ela diz, "basta uma semana sem o ler e perdemos a faculdade de entrar em sua linguagem. Só lendo todos os dias, todos os dias, aos poucos ele se torna transparente."

Põe um disco para eu ouvir um trecho de Joyce lido pelo próprio Joyce. Ela tem a alegre e insofreável paixão do proselitismo de quem enxergou algo que os olhos humanos não enxergam normalmente.

Certa noite, os F. me levam à casa de algumas amigas deles. É um grupo de senhoras que, por sugestão da senhora F., reúnem-se uma noite por semana para ler Joyce juntas. Têm cerca de cinquenta anos e são (ao contrário da senhora F.) todas gordas, algumas funcionárias de ministérios, outras professoras, outras meras mães de família. Há também alguns maridos presentes, bons senhores de idade, curiosos e encorajadores.

Uma lê um período de *Finnegan's Wake*, depois comentam. Cada uma tem sua chave de interpretação e com ela avalia cada frase, às vezes cada palavra. Há uma senhora de família irlandesa que conhece muitas cantigas populares daquele país e pode desencavar as frequentes referências joyceanas ao folclore. Há uma católica que descobre as alusões aos rituais e dogmas da Igreja em que Joyce foi criado. Uma douta em história das religiões encontra alegorias mitológicas: "Este é Dioniso, aquele é Apolo". Outra que sabe tudo sobre a vida de Joyce (e é justamente a senhora F.) encontra interpretações em chave biográfica: "Mas isso pode se referir também a seu irmão Stanislaus". Outra mais maliciosa se encarrega de sugerir os constantes duplos sentidos obscenos.

Assim, param a cada palavra, tentam ler com todas as pronúncias, compor todas as possíveis variações ortográficas. "Voice, vote, voce, vox, vos...", desfiam como um rosário, passam do inglês ao latim, ao gaélico, procuram assonâncias em todas as línguas. E de vez em quando uma delas solta um trinado de alegria: encontrou uma nova interpretação possível para ser acrescentada às outras.

Começaram poucos meses atrás. Quase nenhuma delas lera qualquer coisa de Joyce antes, algumas nem sequer gostavam de literatura moderna; foi a senhora F. que as convenceu e agora não param mais enquanto não terminarem o livro: seguindo com meia página por semana, levarão alguns anos.

Pois, após meia página de *Finnegan's Wake*, a senhora F. sugere, para descansar, que passem para uma leitura "mais fácil": e assim, com menos empenho, leem e comentam um trecho ao acaso do livro de Joyce que vem logo a seguir na escala de indecifrabilidade: o *Ulysses*.

Mas não considerem isso que acabo de contar um costume da América; quis o acaso, talvez, que eu me deparasse com um fenômeno absolutamente único. (A literatura aqui é utilizada de várias maneiras, todas elas muito distantes desta: como produto industrial de sucesso, como tema de exercícios universitários, como arma de rebelião e escândalo, e quase sempre a psicologia, a sociologia ou a autoconsciência local se sobrepõem a ela.) Mas esse amor pela literatura em si, por parte de simples leitores, sem ambições literárias, sem sombra de esteticismo e esnobismo, com tanta pureza de coração, com tanto generoso otimismo, com apenas um leve laivo de loucura sectária: esta não pode ser senão a América.

PEQUENA INVESTIGAÇÃO SOBRE O CATOLICISMO

Trago aqui frases que ouvi em conversa com várias pessoas sobre o catolicismo nos Estados Unidos, bem como respostas que recebi às minhas perguntas. Não tendo competência para aprofundar o tema, me limito a assinalar o que me dizem.

Diz o redator de uma revista de tradições liberais numa cidade da Costa Leste: "Ora, se apresentássemos uma crítica a uma declaração do bispo, seríamos obrigados a suspender as publicações, perderíamos as propagandas dos grandes magazines".

"Os donos dos magazines são católicos?", pergunto.

"Não, mas seriam obrigados a suspender as propagandas em nossa revista, pelo receio de sofrer boicote da clientela católica."

Alguns católicos de Nova York, de classe social elevada, me dizem: "O clero irlandês está se tornando cada vez mais arrogante".

"Autoritários, reacionários?", pergunto, repetindo juízos que li e ouvi muitas vezes.

Meus interlocutores são de opinião contrária: "É a ostentação democrática deles que corrói a essência da tradição. Eles se gabam de não saber latim e de fato não sabem. Precisa ver a familiaridade insolente com que se comportam quando são recebidos no Vaticano".

Converso com um professor de uma universidade famosa: "O bispo está cada vez mais hostil conosco. Nos sermões, os padres atacam nossa universidade como uma escola de ateísmo".

■ ITALO CALVINO

"É uma campanha que não terá muito sucesso", eu objeto. "Na América o ensino superior, agora acessível a massas cada vez mais maiores, torna-se até indispensável."

"As universidades católicas já formam uma rede que se estende por todo o país", ele responde, "e concorrem com os centros de ensino mais antigos e famosos."

Uma noitada em ambiente católico. Falamos dos conventos trapistas que exercem grande fascínio nos Estados Unidos, e de intelectuais que se tornaram frades. Pergunto se as conversões de intelectuais são frequentes: "Eram principalmente nos anos 1930", respondem. "Depois da Grande Depressão, todos procuravam formas de crítica à civilização americana. Alguns escolhiam o marxismo, outros o catolicismo, e muitos passavam de um para o outro."

Em Chicago, pergunto a um líder sindical se o clero influi nos membros filiados às *unions*. "Muitos operários pertencem a grupos étnicos católicos", ele diz. "Anos atrás, os padres sempre davam apoio às lutas sindicais. Agora, cada vez menos."

Estou no "Sul Profundo", que se imobilizou também em sua composição étnica: brancos anglo-saxões e negros, todos protestantes. Pergunto: "Aqui também se nota a expansão católica?".

"Até agora não", respondem. "Mas os padres têm posições ideológicas que lhes permitem um grande avanço no Sul."

"Entre os brancos, devido a seu conservadorismo?", pergunto.

"Não, entre os negros, devido a seu liberalismo. Os católicos são os únicos brancos que não têm preconceito racial. As igrejas e as escolas católicas são abertas a brancos e negros."

No Leste, visito um colégio. "O pároco aqui perto me mandou chamar na casa dele", me diz uma jovem italiana, "a pretexto de me pedir para traduzir uma oração. Mas depois começou a me perguntar sobre as ideias dos professores, a dizer que a América era moderna demais e só poderia se salvar pelo catolicismo. Falava também da política italiana."

"Exaltava os democratas-cristãos?", pergunto.

"Não; ele dizia que desde o fim de Mussolini a Itália está um caos."

A um amigo, anticonformista e homem de espírito, pergunto: "Você acha que a onda católica vai engolir a América?". "Não. Será detida pelos mórmons numa frente que se estenderá do Grande Lago de Sal às Montanhas Rochosas. Apenas os mórmons, a única Igreja absolutamente americana, poderão nos salvar. Ou mórmons ou papistas, não há meio-termo."

Estou em Nova York, numa editora. "Vejo que publicam muitos livros católicos", digo. "Os proprietários são católicos?" "Não", respondem, "as editoras são quase todas de judeus ou protestantes, mas muitas têm uma seção de livros católicos, para atender a uma demanda do mercado."

Ainda em Nova York, em casa de católicos convertidos muito rigorosos. Falam mal do cardeal Spellman. "Mandou pôr em St. Patrick uma estátua de Pio XII, colorida, tamanho natural, com todas as rugas, as dobras do hábito, os cabelos. Como no Museu Grevin. Roma deveria intervir contra essas formas de idolatria. É sem dúvida um gesto de desafio ao pontífice atual."

Em São Francisco, um velho poeta anarcoide e budista me diz: "Entre os católicos há gente muito capaz. O grupo de Dorothy Day, por exemplo, anarquistas católicos que dão assistência aos pobres nos piores bairros de Nova York. Há também um bom escritor entre eles, J. F. Powers, e um poeta, Brother Antonius, que antes de virar frade era anarcossindicalista comigo".

"Todos os terrenos aqui ao redor são da Igreja", ouço meus anfitriões na Nova Inglaterra dizerem várias vezes. "A Igreja já é uma das grandes forças financeiras da América."

"A disputa religiosa entre as diversas Igrejas protestantes", dizem, "mantinha viva a liberdade de pensamento nos Estados Unidos. Agora que os jornais, a rádio, a televisão sempre ficam com medo de desagradar os católicos, todas as polêmicas entre as Igrejas se aplacaram, o clima espiritual se empobreceu, reina o conformismo."

■ ITALO CALVINO

"Mas esse clima não provocará uma reação liberal contra o autoritarismo ideológico católico?", eu objeto.

"Até pouco tempo atrás", respondem, "os católicos eram alvo de discriminações injustas, como os judeus e os negros. Por isso, na mentalidade democrática, permanece a atitude de que ser contra os católicos é um preconceito conservador." Pergunto se, no campo do catolicismo americano, uma presidência Kennedy reforçaria a influência de Spellman ou dos intelectuais liberais que dirigem a revista *The Commonweal*. As respostas divergem. Pergunto se a presença de um católico na presidência pode instaurar no país um problema nas relações entre Estado e Igreja. Ninguém sabe.

O OLHAR E O HÁBITO

Faz uma semana que voltei a Nova York, mas não anotei mais nada nesse diário. Não estou mais no espírito de "impressões de viagem", me sinto como se já tivesse voltado para casa: tudo o que vejo agora faz parte da normalidade. Quando cheguei a Nova York, quatro meses atrás, em novembro, bastava pôr o nariz na rua e todas as coisas me pareciam novas, notáveis, dignas de registros e comentários, chaves de um raciocínio, de uma interpretação geral. Lembro da primeira noite em Nova York, passeando pela Fifth Avenue, a imagem alegre e imprevista dos patinadores no rinque de gelo do Rockfeller Center, a relação entre as dimensões dos arranha-céus e o espaço aberto do Central Park, tal como aparecia pelas janelas do décimo sexto andar, e as livrarias abertas à noite, o trompete de Dizzy Gillespie no Metropole Café, o vapor do sistema de aquecimento da cidade que sai pelos bueiros nas ruas... Lembro dos primeiros dias, a diversão ao andar de *subway* para olhar as pessoas e adivinhar suas origens, sua posição social... Agora, mais nada.

Bastaram poucos meses e o olhar se acostumou a tudo, perdeu a agudeza, a capacidade de selecionar as imagens. Como se estivesse em Turim, onde nem penso em olhar à volta. É nisso que consiste a força dos livros de viagem. Só se pode escrever a respeito de um país quando ainda não se sabe nada sobre ele e vem a descoberta, pois só então "ele é visto". Quem conhece o país a fundo sempre encontra motivos de riso nos livros de viagem, e protesta: "Como se pode escrever sobre lugares e costumes com uma experiência tão superficial?". Mas quem mora num lugar há bastante tempo já perdeu a imediaticidade necessária para descrevê-lo. Tudo já ocupou seu lugar, tornou-se óbvio, corriqueiro, e se perde no mar geral do cotidiano. A pessoa já conhece os vários casos em que cada fato se articula e suas possíveis exceções; a cada coisa que diz, tem o escrúpulo de saber que poderia dizer outra; o olhar não é mais o rei da descoberta, é apenas um instrumento de verificação.

A ATITUDE EM RELAÇÃO AOS ESTADOS UNIDOS

Primeira atitude do europeu nos Estados Unidos:

Os americanos teriam todas as possibilidades, só não sabem algumas coisas que nós europeus elaboramos ao longo dos séculos. Bastaria que aprendessem e a história do mundo tomaria o rumo certo. O problema a ser resolvido está aqui, neste país. É inútil pensar em nossos pequenos problemas. Precisamos dedicar todos os esforços à América, para unificar a cultura americana e a europeia. A tarefa dos europeus é conquistar a América e sua enorme energia para uma história comum.

Segunda atitude do mesmo europeu, depois de alguns meses nos Estados Unidos:

O bom da América é quando é América e pronto, quando estamos diante de soluções exclusivamente americanas, não transplantadas da Europa. Toda vez que os americanos tentam incorporar ideologias, escolas, problemáticas tipicamente europeias, qual é o resultado? Aplicações insípidas, pedantes, despidas de vida, despidas da espontaneidade americana. Os Estados Unidos são diferentes de todos os outros países: deveriam se desenvolver por seus próprios caminhos, sem se preocupar com o resto do mundo. O isolacionismo não era assim tão errado. Precisamos nos concentrar na máxima diferenciação entre Europa e América. A tarefa dos europeus é afastar dos Estados Unidos a tentação de seguir nossos procedimentos mentais.

Terceira atitude do mesmo europeu nos Estados Unidos, passados mais alguns meses:

Os americanos não sabem o que é americano e o que não é. Só nós europeus sabemos. Todos nós europeus deveríamos vir para cá e dar aulas de americanização. Precisamos dedicar todas as nossas forças à América, para lhe dar uma mentalidade, uma eficiência que sejam absolutamente americanas como entendemos nós. Há um enorme trabalho a fazer. Estudar as bases teóricas e as vias práticas para que a América seja sempre mais americanizada. Sozinha, a América não pode ser América. A tarefa dos europeus...

PSICANÁLISE

Uma amiga me conta a história terrível de tudo o que passou por causa do psicanalista, que se tornara o controlador absoluto de sua vida pessoal e, começando a analisar o noivo, conseguiu desfazer a união e a felicidade de ambos. Do relato emerge uma vida de pesadelo, dominada por visitas quase diárias ao taumaturgo, consultas telefônicas febris, sessões semanais em grupo em que os pacientes do mesmo psicanalista se reúnem para confessar seus problemas em público e tentar resolvê-los comparando-os uns aos outros, sem a ajuda do médico. E é principalmente disso que resulta uma solidão assustadora, a condição indefesa do paciente diante da influência que o psicanalista exerce sobre ele. Ninguém quer pôr o dedo na relação entre psicanalista e paciente; se essa mulher queria contar seus problemas a alguém, todos recuavam; mesmo recorrer a outro psicanalista era difícil porque uma ética profissional de categoria o impedia de aceitá-la.

Ora, esses tratamentos que aqui vejo serem adotados a todo instante pelas pessoas mais inesperadas, mulheres rijas que parecem a própria encarnação da saúde e que jamais suporíamos sujeitas a crises psicológicas, parecem-me uma coisa infernal, uma autocondenação a que se submetem os americanos, sobretudo as americanas, para se punir sabe-se lá de quais pecados. Com minha boa vontade e alérgico que sou a essa problemática, tentava considerar a psicanálise como uma prática terapêutica libertadora. Mas suspeito cada vez mais que a América laica se libertou da tutela de pastores e confessores apenas para adotar outra.

THE CONNECTION

Num aposento de aparência sórdida, um grupo de jovens com camisa para fora da calça, desgrenhados e trôpegos, uns estendidos num sofá, outros sentados no chão, passam horas à espera. Entre eles há músicos de jazz que de vez em quando começam a tocar, e muito bem. De vez em quando, alguns passos na escada: todos aguçam os ouvidos. Não, não é quem esperam.

Tal é a situação em *The Connection*, comédia em três atos (de um novo autor, Jack Gelber), sem dúvida a peça em prosa mais interessante de Nova York em 1960, encenada num minúsculo teatro de vanguarda no Village, o Living Theatre.

Esses personagens à espera são drogados e falam a gíria

dos drogados. Esperam a *connection*, isto é, o homem que faz a ligação com os fornecedores de heroína e que trará a droga para o pico. Ao longo de um ato e meio, é puro teatro da espera, tipo *En attendant Godot*, e enquanto tal funciona muito bem, sustentado pelas intervenções de jazz. Depois o homem da *connection* chega (é um negro todo vestido de branco, lúcido e dono de si na mesma medida em que os outros são fracos e desfigurados); um a um, os jovens vão ao banheiro para injetar a droga e voltam contentes. Um aplica uma injeção forte demais e morre.

A ação é interrompida várias vezes pelas intervenções de outros dois personagens da plateia: o produtor do espetáculo e o autor, que protestam porque, tendo escalado viciados verdadeiros para o papel, eles não respeitam o texto e representam uma história totalmente diferente do roteiro.

O aspecto formal mais importante me parece ser o estilo de representação: deliberadamente inseguro, balbuciante, pigarreado, como gente que não sabe falar em público e precisa improvisar. (No mesmo teatro, em noites alternadas com *The Connection*, encena-se *Questa sera si recita a soggetto* [*Esta noite se improvisa*] de Pirandello, considerado o precursor da escola.) Esse tipo de representação me parece o equivalente teatral da pintura informal, um modo de expressão totalmente empastado, manchado, incerto, borrifado, e também o equivalente da prosa *beat* (que, todavia, se mantém num nível de realização mais fraco). É a mimese do casual, que acaba por se identificar com o casual.

OS BEATNIKS

Até aqui, dediquei apenas algumas palavras apressadas ao tema que aparece em todas as discussões literárias e de costumes nos Estados Unidos: os *beatniks*. Já conheci muitos, os do Greenwich Village em Nova York, os de North Beach em São

Francisco, os de Venice em Los Angeles; passei muitas noites entre jovens barbudos com camiseta preta, entre moças despenteadas e sem batom; vi-os nos clubes de jazz onde recitam poemas como atração para o público *square* (os "quadrados", isto é, os não iniciados, os filisteus), nas *parties* da boa sociedade às quais são convidados para dar um colorido, em suas festas particulares depois do fechamento dos clubes noturnos, naquele tédio metafísico quando os músicos não têm mais vontade de tocar e acochambram qualquer coisa, as moças ficam ali como que drogadas e talvez não estejam, e os drogados são os únicos felizes, mas não se percebe, e dança-se sem erotismo, bebe-se sem prazer, o uísque acabou e se embebedam de vinho...

No entanto, não me ocorre nenhum discurso geral sobre a *beat generation*; não tenho vontade de contar anedotas, nem de tecer juízos e formular teorias; falar mal, muita gente fala, é inútil que eu o faça também; procuro em vão algum paradoxo que me permita apresentar um juízo positivo, não encontro.

Os *bohémiens* nunca me interessaram, nunca me aconteceu identificar-me com essa atitude humana que, no entanto, sempre teve e continua a ter presença na história da cultura. (Na Itália, porém, sempre pouquíssima.)

Quando jovem, algumas vezes tive vontade de me identificar com variadas imagens de civilização, uma por vez ou todas juntas: a aristocracia inglesa, os bolcheviques russos, os *conquérants* de Malraux, os estetas de Bloomsbury, o "Brain trust" do New Deal, mas eram ou tendiam a ser das "classes dominantes". (Decerto há algum complexo por trás disso.) Mas sempre fui de uma deplorável insensibilidade aos que se divertem em ser marginais, andar malvestidos e levar uma vida miserável (a menos que seja por um período transitório, devido a uma próxima tomada do poder ou algo semelhante).

Assim, é claro que fico com o pé atrás em relação aos *beatniks*. E não estou pensando no valor literário, pois me parece que faltam os extremos para criar um discurso; o fato de que alguns deles decidam ser escritores e poetas, e por isso põem no papel o arsenal de clichês (formais e de conteúdo) de que dispõem, é uma questão sociológica, que pertence não à história da literatura, mas à dos costumes. Hoje nos Estados Unidos (como na União Soviética) não se vai à descoberta de grandes escritores, que talvez demorem muito tempo para nascer, e sim em busca de fatos humanos novos.

Retomando, os *beatniks* são, acima de tudo, um grande fato social, também em termos quantitativos. De início, eu estava propenso a julgar que era mero fenômeno de imitação europeia (como a moda das máquinas italianas de café *espresso*, a atmosfera Saint-Germain-des-Prés concentrada entre as ruas estreitas do Village) ou a reedição de um fenômeno americano permanente, a rebeldia contra o conformismo. No entanto, ao percorrer os Estados Unidos, percebendo o que é a *dullness* do interior, a opaca banalidade das pequenas cidades produtoras e consumidoras, a uniformidade da paisagem humana anulada na uniformidade da paisagem natural, de repente esse enxame de jovens rumo à metrópole — os quais, em vez de se apressar em conseguir um lugar no mecanismo da *prosperity* e das previsíveis carreiras, preferem encalhar em bairros sujos, deixam crescer a barba, usam tênis mesmo no inverno, recusam-se a trabalhar, improvisam alguma coisa, como diletantes, em atividades literárias ou artísticas, encontram nos picos de heroína o nirvana para além de todo desejo, e na pressa de se remeterem a valores espirituais proclamam a conversão ao budismo "zen" ou à homossexualidade ou ao catolicismo ou à mística do jazz — esse enxame me pareceu um fenômeno que se encaixa na ordem das coisas.

Há uma quantidade de energia juvenil que entra em reação com o ambiente, como ocorre em qualquer lugar e é natural que ocorra, e, não dispondo de ideias ou modelos de comportamento mais prestigiosos para adotar, a pessoa se lança a este, que sem dúvida é um bárbaro desperdício, um embrutecimento e recusa, mas para muitos também é um estado de disponibilidade, de busca, de leituras. O importante é o que virá depois: o que serão os ex-*beatniks*?

Julga-se o valor de uma civilização também pelas formas de rebeldia que ela acaba por despertar contra si mesma: essa revolta *beat* contra a "civilização do *frigidaire*", uma revolta incapaz de oferecer alternativas, mas com uma força própria de inegável difusão, nos mostra que superar a "civilização do *frigidaire*" é de fato um problema que se coloca de maneira premente.

Como a revolta da *beat generation* tem o problema de ser uma rebeldia de curto alcance, ela acaba sendo uma forma de se reenquadrar e ser reaceito na sociedade contra a qual se rebela. A plena eficiência de uma sociedade conformista se revela no fato de conseguir constituir um corpo de anticonformistas com uniforme de anticonformista; se você usa barba e tênis, sua condição de rebelde fica explícita com toda a clareza e você pode exercê-la como uma profissão, e tudo se encaixa no esquema.

Antes mesmo de obter resultados artísticos, a *beat generation* conseguiu virar uma instituição, uma indústria, lançar uma moda de turismo dentro da própria cidade de Nova York, levando multidões de pacíficos cidadãos de Uptown e Midtown a migrar de sexta a domingo para as ruas do Village a fim de vê-los; a *Life* lhes dedica matérias ilustradas e entrevistas; há as casas dos milionários que contratam para cada *party* um par de jovens barbudos que vêm enunciar meia dúzia de quatro frases escandalosas para as senhoras. É uma rebeldia para uso e consumo da Madison Avenue, como me diz Kenneth Rexroth (um poeta da geração na casa dos sessenta anos, que passou por todas as rebeliões e vanguardas, foi o primeiro ideólogo *beat*, e agora não quer mais saber disso e traduz antigos poemas chineses). É um estado de miséria voluntária possível somente numa situação de bem-estar; em grande parte, os *beatniks* podem viver tranquilamente como pobres porque têm pais ricos que lhes enviam mesadas. E se beneficiam da organização da economia que garante bens de consumo a baixo preço. (Mesmo as drogas podem ser encontradas a cinco dólares a ampola.)

Assim, os *beatniks* estão se tornando um povo, um dos tantos povos do caldeirão americano, com seus bairros em toda cidade grande, seus usos e ritos, suas características somáticas: um povo de refratários já mais ou menos aceitos por outros grupos étnicos e sociais.

Mas todos os povos do caldeirão tendem a se integrar. Para o novo povo *beat*, só vale o impulso centrípeto? Não diria. Estive na casa do filho de um *beatnik*. (O pai, homem na casa dos cinquenta, é um dos antigos do movimento, e também um de seus teóricos e historiadores.) O filho tem uns trinta anos e se dedica ao teatro; seu apartamento é confortável e muito decoroso; os convidados usavam roupas escuras e as senhoras estavam com trajes de noite. "Sim, sou terrivelmente *square*", ele me disse, com uma ponta de orgulho, "meu pai veio me visitar uma vez e saiu correndo."

Mas eu sabia que mesmo os *beatniks* mais ortodoxos fazem, na intimidade, grandes concessões ao *comfort*.

Um deles, dos mais citados, que vive com outro barbudo, tem uma casa com *frigidaire*, máquina de lavar roupa, televisão. Os dois mantêm higiene perfeita, e em casa andam bem-vestidos e com as unhas limpas. Quando precisam sair para algum contato social, então põem camiseta suja e sapato remendado.

Soube dessas informações tendenciosas por um jovem europeu, representante da vanguarda literária cosmopolita que se reúne em Paris, dos *blousons noirs* e das barbas longas, que desembarcou aqui cheio de intenções de escandalizar Nova York. Mas sabem como é a nova geração de rebeldes: esse rapaz não bebe, não fuma e — embora regularmente casado — vive em estado de virgindade. É apresentado logo nos primeiros dias aos *beatniks*, põe-se a desfiar para eles, em seu francês ruim e em sua língua materna, as frases mais escandalosas que sabe, reconhecem-no como um dos seus e o convidam para ir à casa deles.

Moramos no mesmo hotel. Naquela noite volto tarde, vejo a luz acesa em seu quarto e bato à porta. O rebelde da Rive Gauche está sentado na cama, a barba longa apoiada nos joelhos, assustado, voltando de repente a ser o rapaz que, até poucos anos atrás, estudava para ser padre num seminário espanhol. "Se você soubesse", ele me diz num fiapo de voz, corando, "se soubesse o que eles queriam que eu fizesse..."

DO DIÁRIO DE GIOVANNI B.

Descendente de uma velha família da Nova Inglaterra, S. é uma entusiasta da Itália e dos italianos. "Se não existissem os italianos, eu estaria morta. Eu estava doente, desesperada, fui à Itália e eles me devolveram a confiança na vida..."

Olho em torno: nas paredes das salas há retratos do século XVIII, severos juízes de peruca, esbeltas damas puritanas de touca branca, governadores de tricorne. E abaixo, nos móveis, nas mesas, em toda parte, em moldurinhas de prata e *passe-partout*, fotos de jovens morenos, musculosos e sorridentes, com os cabelos crespos ou cortados à escovinha, com e sem bigode, de camiseta listrada, traje de banho, em grupos na praia, posando diante da torre de Pisa, de lambreta, de pedalinho. "Muito bons, simpáticos, todos: Gino, Alfredo, Corrado, Calogero, Francesco..."

VOLUNTÁRIOS

O voluntariado americano pelas causas políticas e ideais ainda sobrevive ou foi sufocado por um ambiente em que cada um cuida apenas de seus problemas? Muitas notícias sobre piquetes de estudantes, contra o racismo ou as armas atômicas, dizem que essa tradição americana de generosidade ativa não se apagou. Pelas ruas, nas raras vezes que cheguei a ver uma fila de cartazes de manifestantes — numa greve ou em solidariedade a uma luta colonial — ou uma faixa estendida para recolher fundos para uma subscrição, ou alguém colhendo assinaturas ou distribuindo folhetos, talvez para uma simples reivindicação municipal, eu me aproximo, observo os rostos, contente em reconhecer esse elemento que tornava os Estados Unidos mais semelhantes à Europa nos cheios de contrastes anos 1920, nas esperanças demasiado fáceis dos anos 1930, e que agora já está tão distante... Mas, para ver certas coisas, é preciso prestar atenção. Nos primeiros dias em que eu estava em Nova York, havia uma greve dos barbeiros. Passando pela Union Square (a praça das manifestações sindicais de quarenta anos atrás), vejo um velho com dois cartazes pendurados nas costas que anunciam a greve. "Bom e velho barbeiro", penso, "fiel ao sindicato, uma vida toda a fazer barbas, pentear cabelos, passar brilhantina, e depois à noite mimeografando folhetos em sua *union*, como diz a tradição sindical americana, e agora, já velho, é ele ainda que se mantém firme, com esse frio, não são os jovens que carregam os cartazes, é sempre ele, entre gente que não está nem aí, todos indo comprar presentes de Natal..."

Semanas depois, havia uma greve de garçons. Passando pela Union Square, vejo um velho com dois cartazes do sindicato dos garçons a tiracolo. "Bom e velho garçom", penso, "a vida toda servindo bifes, e depois à noite em sua *union*..." Paro. "Mas isso já aconteceu uma vez: passar por aqui, ver um velho grevista, pensar na tradição sindical americana..." Olho de novo: não há dúvida, é o mesmo velho da vez anterior.

Continuei a ver o velho nos meses seguintes, com cartazes anunciando greves de latoeiros e de alfaiates, ou liquidações de lojas de calçados ou de louças. É um desocupado da Bowery que de vez em quando ganha algum trabalhando de homem-sanduíche.

O BAILE DAS MOÇAS NEGRAS

Não consigo obter de Giovanni B. confidências referentes a mulheres negras. "Mas, sabe, são mundos mais separados do

que se imagina, mesmo aqui em Nova York", ele me diz. "As ocasiões de intimidade, de travar amizade não são muitas. Na outra noite, achei que daria. E no entanto..."
Insisto para que conte.
"Bom, as moças negras que trabalham nas Nações Unidas estavam dando seu baile anual num lugar do Bronx. Dois amigos, jornalistas no 'Palácio de Vidro', foram convidados; eu, entusiasmado, fui com eles. Chegamos cedo demais, as moças ainda se ocupam dos últimos preparativos do salão. Estão com um vestidinho de noite com a saia acima dos joelhos, todas iguais, verde, de lamê. Meus amigos reconhecem algumas: esta é ascensorista, aquela lá telefonista, aquela outra do refeitório. Só sei que são umas mulheraças, mais do que se imaginaria vendo-as com o uniforme cinza-azulado quase militar da ONU. Não via a hora de convidar alguma para dançar, para conhecer: já estava observando cada uma, tentando fazer uma classificação, uma escolha. Mas, sabe como é: uma festa inteiramente delas, o salão decorado, e elas ali provocantes, meio nuas, mas todas muito decentes; eu me sentia um estranho, sensação que nunca se tem aqui em Nova York. Vão chegando os convidados, negros, todos ou quase todos, a banda começa a tocar. Era uma festa bastante *formal*, como dizem aqui, todos bem-vestidos, mesas com grandes famílias negras, e alguns rapazotes de ombros largos, com a compleição de um armário. Uma sensação estranha: de um lado, uma cerimônia de gala tradicional, como seria entre nós um baile beneficente burguês, com a presença das mães; de outro, essa corporeidade robusta, impetuosa, altiva, esses seios, esses quadris, essas pernas longas, esses sorrisos refulgentes e também esses ombros de *boxeur* dos cavalheiros, essas nucas nas camisas engomadas.

"Dançavam. Você sabe como eles têm a música no corpo. Ora! O que estávamos fazendo ali? Jamais me atreveria a pôr os pés na pista. Ao lembrar que tinha vindo na intenção de cortejar alguma moça, corava. Diante dessa humanidade gigantesca que se movia com tanta felicidade física natural, era de se sentir um inválido; sim, mas não era isso: era o ar de festa de boa família, a candura, uma candura que eu entendia que não excluía o erotismo, isto é, não excluía o erotismo deles, mas excluía o meu, a atitude que me movera. Um complexo de inferioridade, foi o que senti, se quiser saber! E de culpa, sim senhor, de culpa! Nessa situação, o que podia fazer? Despedi dos amigos e fui embora."

A RAÇA HUMANA

Quando falamos de problemas raciais, digo aos amigos americanos: "Vocês só têm um caminho: decretar que haja apenas casamentos mistos, que não nasçam filhos a não ser do cruzamento de povos diferentes. Ao cabo de um século teríamos a verdadeira grande raça humana, que uniria finalmente a felicidade física dos negros, a sabedoria dos chineses, a inteligência dos judeus, e todos os dotes anglo-saxões, latinos, eslavos e assim por diante...".

Alguém me responde citando a famosa anedota de George Bernard Shaw, quando uma bela mulher da época — não lembro se era Isadora Duncan ou outra — lhe disse que gostaria de ter um filho com ele, para que tivesse a beleza da mãe e a inteligência do pai, e Shaw respondeu: "Melhor não tentar. Imagine se nascer com a beleza do pai e a inteligência da mãe...".

O ÚNICO APAIXONADO PELOS ESTADOS UNIDOS

Conheci o verdadeiro, o único apaixonado pelos Estados Unidos, o otimista a toda prova, o único nesse mundo de descontentes onde todo discurso — de política, de cultura, de costumes, seja de um *liberal* ou de um *conservative* — parte de uma constatação negativa sobre a situação americana contemporânea, o único no meio desse estado de espírito indefinido atual, mais de reclamação do que de crítica, mais de insatisfação pessoal do que de vontade reformadora.

E esse apaixonado por seu país é um homem que passou três anos na cadeia, de 1947 a 1950, depois de um processo que foi um dos primeiros casos judiciais da campanha contra as "atividades antiamericanas". É inútil entrar em detalhes sobre o caso, que à época despertou grandes clamores, e também protestos de juristas e políticos: o mecanismo é o mesmo que depois foi repetido várias vezes, e naquela vez foi usado com um peso todo especial — era o início da "caça às bruxas" e se precisava criar uma atmosfera de terror nas repartições do governo. (O indivíduo de quem falo, conhecido militante de esquerda, fora funcionário do governo durante a guerra e declarara não estar filiado ao Partido Comunista, coisa que um informante da polícia declarou não ser verdade, e por isso sua condenação a três anos de prisão por "fraude".)

Muito bem, esse homem que passou por tantas coisas, que teria todas as razões para extrair de seu caso pessoal conclusões gerais absolutamente sombrias, é alguém que acredita na América com uma certeza que nos deixa boquiabertos, não tem dúvidas de que a sociedade americana se apoia sobre bases fundamentalmente democráticas, enxerga em todos os movimentos estruturais e sociológicos um aspecto positivo no sentido de desenvolvimento da democracia, jura e perjura que os Estados Unidos podem sofrer retrocessos reacionários até gravíssimos, mas que é impossível que sucumbam a formas autoritárias fascistas. E entre as provas cita seu próprio caso, todas as cavilações a que os "caçadores de bruxas" tiveram de recorrer para condená--lo, a força de sua convicção, perante os juízes e nos anos de prisão, de estar do lado certo, de encarnar o verdadeiro espírito da América.

É um homem exuberante, polêmico, paradoxal, agressivo, que nunca fica calado, que submerge os interlocutores com seu espírito de contradição. Isento de complexo de modéstia, intercala seus discursos com constantes citações de si mesmo

199

em livros publicados e inéditos, nos quais já havia explicado tudo. Isento do complexo de inferioridade da esquerda americana, tal como pode sê-lo um homem que nunca se desviou de sua linha, fosse por oportunismo ou medo, ele justifica com o mesmo calor as teses julgadas heréticas por todos os conformismos e as teses julgadas conformistas por todos os tipos de heréticos. E é também um homem de uma coerência obstinada, imune ao ecletismo geral, tal como pode sê-lo quem exerce sua inteligência sempre numa direção, seguindo seu ideal de convivência humana.

Certamente não se podem minimizar os componentes europeus: é filho de italianos, formou-se em Oxford, combateu na Espanha, é leitor de Hegel (*rara avis* na América), traduziu e comentou Gramsci. Mas é também absolutamente americano em sua capacidade de entrever o desenvolvimento de seu país por vias completamente diferentes das de um europeu, desde o princípio tomando por líquido e certo que os instrumentos do Velho Mundo (partidos ideológicos, sindicatos políticos, conscientizações de massa nos termos históricos europeus) são aqui impensáveis, e no entanto sabendo também reconhecer aqui a mesma dialética de forças econômicas e vontades humanas. Ou talvez justamente por isso seja mais europeu do que nunca, porque consegue pensar em termos tão completamente americanos, porque consegue operacionalizar essa própria diferença enorme entre nós e eles.

Então, dessa Nova York onde só se fala de coisas marginais, e sempre informalmente, com frases evasivas, sinto-me transportado de volta para — onde? — nossas cidadezinhas onde a atmosfera intelectual está saturada de ideologia, onde a discussão problemática não tem fim, onde impera o gosto pelas múltiplas chaves críticas, pelo desafio intelectual, pelo paradoxo como tentativa de aproximação da verdade? Não, aqui tudo adquire um sentido diferente. Mas como?

Para explicar melhor meu ponto de vista, falo em minha língua, visto que ele entende, lê e traduz o italiano. Procura me responder em italiano também, e então sua agilidade de polemista intelectual sempre pronto ao ataque diminui: segue-se um humilde tom centro-meridional, de uma língua transmitida pelas mulheres da casa.

Pronto, aí está o verdadeiro sabor da América: a América que não é senão essa maneira de lembrar o italiano, não é senão a história dele como filho de imigrantes pobres que se tornou o aluno exemplar contemplado com bolsas de estudo (não por acaso, entre os elementos positivos para o desenvolvimento dessa sociedade ele situa a escola em primeiro lugar, a possibilidade de estudo para todos, o enorme aparato — no sentido quantitativo — dos institutos de ensino, comparável somente ao soviético), é sua obstinação em interpretar o espírito que anima a história dos Estados Unidos até as últimas consequências, é o otimismo do capitalismo do consumo invertido e concretizado no otimismo socialista, e é também a modesta decoração desse *living-room* de um bairro popular, a atmosfera de virtude familiar, de respeito conquistado contra a hostilidade do ambiente, a dificuldade econômica, é a imagem da esposa sorridente e serena, paralisada há anos, na cadeira de rodas...

OS CHAPEUZINHOS DE PÁSCOA

É Pascoa. Hoje R. vem me visitar com um chapeuzinho um pouco estranho. "Oh, mas isso não é nada! Você vai ver na Fifth Avenue! Até que ponto", ela acrescenta entristecida, "os bons tempos dos *Easter bonnets* acabaram."

A Fifth Avenue hoje de manhã está fechada para os automóveis. Os pedestres, visão inverossímil, passeiam pelo meio da rua. E as mulheres exibem chapéus ainda menos verossímeis: cor-de-rosa, violeta, verdes, de abas largas, de palha, de seda e de fios metálicos, com rosinhas, gardênias e margaridas, com tule, véu e penas de avestruz. É a velha tradição do dia de Páscoa, as boas-vindas à primavera. Fazia uma semana que as vitrines estavam coalhadas de chapéus insólitos, que só dá para usar uma vez por ano. Mas parece que nos últimos anos a ousadia e a imaginação diminuíram: a distância entre a estranheza dos chapeuzinhos de Páscoa e os de uso diário tende a se reduzir. Antigamente, na Páscoa, os homens iam à Fifth Avenue de fraque e cartola. Ainda se veem alguns, senhores de idade. O ar é mais burlesco que solene, como um costume provinciano alegre que persiste mesmo quando não se acredita mais nele. Os fotógrafos procuram as cabeças mais insólitas. Agora se aglomeram apontando as objetivas em torno de uma matrona com roupas e penteado do século xix. A matrona ri, maquiada como uma estátua ornamental. Eu também me aproximo e, mas claro!, não tenho dúvidas, estive em New Orleans durante o Carnaval, vi muitas pessoas assim: é um travesti.

FIFTH AVENUE

Percebo que não escrevi um texto sobre a Fifth Avenue, e agora é tarde, estou prestes a partir, não o escreverei mais. Pena: sairia um texto ótimo, longo; descreveria a rua trecho por trecho, desde seu início com o *décor fin-de-siècle* da Washington Square, e como vem subindo com o prosaísmo comercial de Midtown, e depois os arranha-céus clássicos, o Rockfeller Center, as lojas elegantes, as residências senhoriais ao longo do Central Park... Relembraria os dias característicos: o Thanksgiving Day, em novembro, quando o grande magazine Macy's organiza um desfile de carros e balões para diversão das crianças; ou o dia de St. Patrick, em março, com o interminável desfile de irlandeses vestidos de saiote, que juraríamos fosse escocês...

Mas não: é tarde demais, ou se escreve na hora em que vemos essas coisas alegremente banais, ou não se escreve mais. Logo depois, dá até vergonha de lhes declarar nosso amor, como para certas mulheres que pertenceram a muitos.

Já com os nova-iorquinos, não: nada lhes dá mais satisfação do que descrever e redescrever sua cidade, como se fosse a maior das descobertas, nada lhes dá mais satisfação do que ler sobre coisas que veem todos os dias.

Nas revistas, mesmo nas sérias, é frequente encontrar longos artigos, evocações literárias ou jornalísticas de aspectos da cidade que são úteis para mim, turista estrangeiro, pois me servem de guia e, para meu ânimo de neófito, correspondem a uma vibração emocional de descoberta. É um gênero de texto que não esperaríamos encontrar na imprensa europeia, onde os jornais de cada cidade partem da ideia de que o mundo ao redor já é mais do que conhecido, e noticiam a exceção, a novidade ou, no máximo, aquilo que contradiz a imagem tradicional da cidade.

Esse é outro aspecto do interesse juvenil dos americanos em ouvir falar deles mesmos, em ouvir a descrição de seu ambiente, em se definir. Com efeito, minha curiosidade de viajante pelos Estados Unidos não difere muito da dos moradores, só que a minha durou seis meses, a deles dura a vida toda.

O NOME QUE NÃO SE DIZ

Hoje é o dia da execução de Chessman e só se fala disso. Por coincidência, justo hoje tenho uma palestra no auditório de um *club* e respondo às perguntas da plateia sobre minhas impressões americanas. Alguém me pergunta o que penso sobre a execução de Chessman, claro. Respondo que sou contrário à pena de morte de modo geral e ainda mais nesse caso em particular, em que se manda para a cadeira elétrica um homem cuja culpa pelo assassinato não é de forma alguma comprovada. Meu comentário não se afasta da opinião dominante na imprensa e no sentimento popular aqui em Nova York, mas percebo que parte do público fica descontente com minha resposta e só se preocupa que a execução cause má impressão no exterior.

Ao falar da pena de morte, sinto que é obrigatório lembrar um caso ainda mais atroz, o do casal Rosenberg. Muitas vezes ouço alguns americanos evocarem o processo e a condenação à morte dos Rosenberg quando querem definir a firmeza moral e a coragem cívica de uma pessoa. "Na época do caso Rosenberg, comportou-se assim ou assado." Outros americanos nunca o evocam, como se tivessem apagado da memória o episódio mais dilacerante da Guerra Fria. Como incluir o tema na minha fala? Sinto que cairia como uma bomba citar o nome Rosenberg num encontro mundano e tranquilo para o qual me convidaram. Eu me limito a lembrar que na Europa, anos atrás, houve uma forte comoção provocada por um caso ainda mais grave, em vista da ausência de sólidas provas de culpa e do perfil dos condenados.

Saindo do *club* com um grupo de conhecidos nova-iorquinos, faço uma rápida enquete para saber se minha alusão aos Rosenberg foi captada pelo público. Alguns dizem que não havia a menor dúvida, outros dizem que poucos entenderam, outros ainda que se poderia pensar em Sacco e Vanzetti.

Fomos a um restaurante, e na mesa começamos a falar dos Rosenberg. Uma moça, de família alemã, mesmo que por princípio se declarando contrária à pena de morte, sustenta que os Rosenberg eram culpados. Outras duas sentadas perto de mim me cochicham, agitadas: "Mude de assunto logo, antes que Gloria arme uma cena. Veja como está pálida. Já, já ela dá um pulo e arranca os olhos da alemã!".

Gloria é uma moça muito jovem, uma americana típica, bonita e sorridente, que acaba de sair do *college*. Jamais supus que fosse sensível a paixões políticas.

Explicam-me que é judia, com um apego passional a tudo o que diz respeito às perseguições sofridas por seu povo. Basta a menção àquele episódio trágico da onda antissemita macartista, que viveu quando era criança, para lançá-la num estado de fúria.

O ALARME ATÔMICO

Hoje às duas haverá o teste do alarme atômico e ninguém vai poder circular pelas ruas por uma hora. É uma boa ocasião para ver os dinossauros no Museu de História Natural que ainda não visitei. Pego um táxi com uma amiga. "Conseguiremos chegar ao museu?", ela pergunta ao motorista. "Tomara que sim." É um motorista gentil e simpático, caso raro. Partimos.
Já estamos no Central Park quando a sirene começa a tocar. O taxista para o carro no meio da rua. Sugerimos: "Mas, se a gente se apressar, talvez dê...".
"Vamos! Para dentro! Todos para dentro!", grita o motorista.
E não só para nós: num átimo de segundo, ele pôs uma braçadeira com uma inscrição e se transformou em chefe; gritava aos passantes com gestos de comando, mandando-os correr para dentro das casas como se a nuvem atômica já cobrisse a cidade.
Vimos como, a um toque de sirene, o ânimo humano pode mudar por um simples contato com a atmosfera belicosa, e no cidadão pacífico se desencadeia a agressividade reprimida do pequeno líder dos "regimes fortes".
(No dia seguinte, fico sabendo que cento e trinta pessoas foram presas por se recusarem a obedecer às instruções. A polícia interveio para dispersar grupos de estudantes na frente da prefeitura, que demandavam negociações para o desarmamento, em vez de preparativos para os ataques. A juventude estudantil apresenta por todo lado sinais de um despertar político insuspeitado anos atrás. Os jornais falam frequentemente de manifestações de estudantes de Nova York e das universidades do Leste contra o racismo do Sul.)

■ ITALO CALVINO

A UTOPIA AMERICANA

Na Europa, alguns afirmam que a União Soviética e os Estados Unidos estão cada vez mais parecidos; um escritor francês, Escarpit, divertido, escreveu um livro, *Les deux font la paire* [Os dois formam um par], que apresenta uma série de semelhanças inesperadas entre os dois países na esteira de recentes experiências do autor. Devo dizer que esse brilhante paradoxo está longe demais da verdade para nos permitir entender alguma coisa. Meu conhecimento direto da União Soviética é menos amplo e menos recente do que aquele que tenho dos Estados Unidos, e por isso não vou me aventurar a comparações ao estilo de Escarpit, mas, acima de tudo, creio que hoje não é isso que importa. Hoje, o importante é o que os dois países podem aprender um com o outro.

Os testemunhos dos observadores ocidentais na URSS concordam em nos dizer que — agora que o objetivo oficial dos soviéticos é alcançar o nível de vida americano — uma febre de confronto com os Estados Unidos molda a produção e a técnica, e chega a afetar também campos "superestruturais", como os espetáculos ou as roupas. Um velho amor pela América — para além de toda polêmica "anti-imperialista" — sempre correu como um veio subterrâneo bem no cerne da revolução comunista. O modelo da industrialização americana era constante em Lênin, a imagem da América moderna estava na base da fantasia poética de Maiakóvski, o próprio Stálin constelou Moscou com arranha-céus supérfluos. (Para não falar do cisma trotskista, que remetia as possibilidades do comunismo a uma futura revolução americana.)

Tanto para os russos como para nós, e certamente para muitos outros povos, sempre existiu e existe uma utopia americana, ou melhor, uma América utópica que funciona como mito ativo, um nível de vida a ser alcançado. Nos Estados Unidos, onde as coisas estão sempre mais adiantadas do que as ideias, onde as forças produtivas e a técnica conseguem modelar a civilização mais diretamente, com menos obstáculos e atrasos, configuram-se realidades que são como que imagens de um mundo futuro. Mas a ideologia americana não sabe propor aos outros povos vias para alcançar esse nível. A América propõe, somente a si mesma, uma via de solução geográfica em vez de uma via de solução histórica, abrindo-se às massas dos imigrantes dos países pobres (ontem europeus, hoje latino-americanos): "Venham para cá, tornem-se cidadãos dos Estados Unidos, seus filhos ou seus netos gozarão de nossa *prosperity*". A força da União Soviética é indicar às massas pobres a via de solução histórica de seus problemas (não necessariamente as vias da revolução socialista: também as dos planejamentos, das industrializações, das transformações da natureza, como se vem tentando na Ásia e na África), para alcançar aquelas imagens míticas do bem-estar que, no coração dos povos, continuam a ser as do mito americano.

Mas os russos se sentem atraídos pela América apenas pelo nível produtivo? Ou a América não funciona como mito também para outras coisas, numa esfera extraeconômica? Certamente a sociedade soviética, à medida que o nível econômico suba, irá se colocar cada vez mais os problemas da liberdade, que versarão principalmente sobre a eficiência de organismos de direção civil e econômica descentralizados e de instrumentos de controle, e nisso a solidez de muitas estruturas constitucionais democráticas dos Estados Unidos (e também aquela maneira de fazer política sem política, quase inconcebível para nós europeus) será para os soviéticos o ponto de referência mais natural e facilmente compreensível.

PROBLEMAS E INTERESSES

A atitude que agora formulei como hipótese (mais do que como uma descrição), de uma União Soviética que tenta aprender com os Estados Unidos tudo o que pode se enquadrar em seu sistema, não encontra correspondência em sentido inverso, isto é, os americanos parecem menos propensos a crer que, mais cedo ou mais tarde, devam aprender alguma coisa com os soviéticos. Essa coisa é o planejamento, o desenvolvimento racional das forças produtivas, a organização do crescimento econômico e cultural. Uma racionalização da produção e do consumo que agora funciona apenas na medida em que coincide com os interesses de cada *corporation* privada (e nesse âmbito pode talvez funcionar muito bem), ao passo que, para realmente resolver alguma coisa, deveria partir dos problemas, das necessidades das massas, dentro e fora dos Estados Unidos. Hoje estamos muito distantes desse critério, que também foi o da classe dirigente americana durante a década rooseveltiana e agora parece apagado das consciências.

No próprio interior dos Estados Unidos, os problemas do Sul (inclusive o racial) são de economias subdesenvolvidas não diferentes dos da África ou da Ásia, e o caminho para resolvê--los é o das grandes transformações produtivas. Tão logo se atravessam as fronteiras meridionais da Califórnia e do Texas, entra-se na América Latina fervilhante de miséria, de fome, de injustiças sociais, e no entanto economicamente dominada pelos capitais das *corporations* dos Estados Unidos. As previsões para o futuro são de uma facilidade até monótona: nos próximos anos, os países da América Latina, um por um, irão se rebelar, seguindo o recente exemplo de Cuba, contra uma tutela econômica que os paralisa e não lhes oferece nenhum desenvolvimento, e buscarão, com êxitos variados, rumos autônomos para explorar seus próprios recursos.

Já a verdadeira cisão que divide o mundo consiste em dois modos diferentes de direção e ação político-econômica: um tem como ponto de partida a defesa dos interesses constituídos, o outro, a solução dos problemas existentes. O primeiro tipo de direção tem suas verdadeiras alavancas de comando nos conselhos de administração, o segundo precisa da integração da ciência e da cultura aos órgãos do poder. Essas duas vias podem ser identificadas com o capitalismo e o socialismo? Em linhas gerais, sim, embora na prática a linha de demarcação muitas vezes passe por dentro de um dos campos e, assim, a luta para defender o tipo de direção "de solução de problemas" deve ser travada também no interior do campo onde se encontra. (Os funcionários soviéticos que nos anos passados impunham à Polônia altos impostos em matérias-primas e mercadorias operavam no sentido dos interesses constituídos, embora justificassem como uma "salvaguarda do sistema". Uma *corporation* privada americana que financie os estudos sobre os problemas de um país da África e crie as bases para o desenvolvimento econômico e cultural pode desenvolver um trabalho de enorme utilidade no sentido da solução dos problemas, embora pretenda depois explorá-lo para proteger os interesses constituídos.)

A solução ideal, para todos, acontecerá com uma ação combinada EUA-URSS para um desenvolvimento racional dos países atrasados. Não é questão de discutir se isso é possível ou não segundo as condições políticas contingentes. O importante é que responda a uma possibilidade técnico-operacional, a uma racionalidade geral, e então se chegará lá, não há mais nada a fazer além de chegar lá. É a única via de que o mundo dispõe para realizar um futuro não catastrófico.

O QUE SE ENTENDE POR CATÁSTROFE

Ao dizer "catastrófico", não penso apenas no perigo de guerra e aniquilação atômica (nos quais, porém, sempre é preciso pensar; fundar, porém, um raciocínio baseado na fórmula "ou assim ou o fim do mundo" acaba por corroer a própria capacidade de pensamento).

Penso na catástrofe cotidiana, na inanição, na inépcia, no desperdício das forças e das vidas, no desgaste moral, no deixar as coisas como estão, isto é, deixar que piorem dia a dia.

Dias de catástrofe são todos os dias em que não acontece nada.

■ *ITALO CALVINO*

SEMPRE CATÁSTROFE

Ao dizer "catastrófico", penso também nas soluções ideológicas abstratas, nas possibilidades revolucionárias realizadas com o máximo de perda e esforço, cujo balanço final até poderá fechar no ativo, mas somente se se esperar para fazer as retiradas sabe-se lá quando, depois de arcar com um imenso passivo material e também moral.

Hoje só pode haver norma ético-política baseada numa economia da felicidade e do sofrimento, num cálculo que não seja míope nem temeroso, mas que parta da consciência de que com essas coisas não se brinca.

Fazer de tudo para dirigir ao bem comum todas as forças que possam ser dirigidas ao bem comum não é ecletismo, é escolha ativa e de rigor discricionário, é confiança no poder discricionário, confiança em poder submeter à razão a história, até agora movida pelo ritmo catastrófico e biológico dos maremotos e das epidemias.

AS DUAS MORAIS

No plano da estruturação e das instituições da vida civil e econômica, União Soviética e Estados Unidos poderão se aproximar, mas não parece muito possível preencher a disparidade no plano da cultura entendida como *forma mentis*, como ideologia encarnada na moral prática em qualquer grau. A América é o país onde os motivos econômicos, o dinheiro, são aceitos como base de tudo, com uma sinceridade que não encontra igual em nenhuma outra civilização. Nem mesmo a teologia, único valor reconhecido acima da economia, é tida como uma antítese ao mundo do dinheiro; pelo contrário, é válida na medida em que prescreve um comportamento de máxima eficiência econômica. Os Estados Unidos sempre foram e continuam a ser um país de um pragmatismo cinicamente brutal, mas cuidemos em não enxergar somente o lado negativo dessa sinceridade de fundo deles. Ter clareza dos interesses que nos movem já é, por si só, uma atitude moral, superior ao hábito hipócrita de pretender motivações ideais para cada ação. A nova religião americana da felicidade, a psicanálise, reduz-se muitas vezes a uma prática egoísta que oscila entre a terapia e a bruxaria, mas reforça aquele fundamento moral laico de sinceridade, agora estendido da esfera público-econômica para a pessoal-sexual.

A União Soviética é uma civilização nascida na necessidade e na violência, crescida com rapidez e pressa em se separar das lembranças demasiado brutais; sente, portanto, a necessidade aguda de colocar em primeiro plano os elementos ideais, a "educação dos sentimentos", e recorre a eles, tanto ou mais do que aos motivos econômicos, para empreender seus esforços coletivos. Assim, sua moral de massa (muitas vezes em contraste com a realidade da política) se converteu no santuário dos bons sentimentos humanitários oitocentistas. E o ritmo da vida e das emoções é o oposto do ritmo americano, modulado pelos títulos dos jornais e pela corrida da publicidade: é um ritmo de projetos a longo prazo, de concentração no trabalho e nos hábitos. A sensação de nos movermos num mundo ilusoriamente recoberto de açúcar cristalizado emana de muitas manifestações da vida soviética, especialmente no que se refere à literatura e à arte; falta ao ritmo de vida aquela excitação que a nós, filhos do nervosismo ocidental, parece imprescindível, mas sente-se que, para além de toda a ingenuidade falsa ou verdadeira, para além da pátina de velha vida provinciana de romance russo, existe nas pessoas uma vibração moral, uma juventude ideal, um ímpeto extraindividual sem igual no Ocidente.

É nesse terreno que é mais difícil encontrar uma interpenetração das duas atitudes, a americana de arrojada sinceridade e a russa ainda capaz de paixões desinteressadas. Mas é esse o ponto central. Talvez possamos encontrar esse ponto, nós que estamos no meio...

■ ITALO CALVINO

A EUROPA

O *jet* partiu de Idlewild agora há pouco, começa a anoitecer, faz apenas algumas horas que navegamos no céu negro e as estrias da aurora já se estendem nas costas claras do Velho Mundo. A Europa estava tão perto assim? Estamos em Orly. Troco uma nota de mil, espero quinhentos francos de troco, mas me dão cinco, reclamo... Não: o franco agora é o "novo franco", fiquei fora seis meses e é como se voltasse depois de cinquenta anos, o velho imigrante que não conhece mais o valor do dinheiro e a distância das lembranças.
Mas Paris não muda de face com a rapidez de Nova York. Caminho pelos *quais*. Num canto do *bistrot*, o primeiro rosto conhecido da Europa é o de Sartre. Tento conversar sobre os Estados Unidos, mas ele acaba de voltar de Cuba, começa a contar, a explicar, a se perguntar: Castro, a novidade histórica da revolução cubana, o lugar que ocupa no quadro em que hoje se configura a luta política no mundo, a crise dos partidos tradicionais, a *nouvelle gauche*, a ideologia...
Eis que reencontro a Europa, com o longo fio ininterrupto de sua lógica, a Europa com sua incansável tradução em conceitos do mundo das coisas, com seu projetar-se adiante na história, a Europa com sua insatisfação ou seus entusiasmos, tão diferentes da insatisfação e dos entusiasmos da América. Percebo que, durante meses, cada raciocínio meu teve de se articular em outros termos, em outro sistema de ideogramas e hieróglifos, para tentar explicar uma realidade diferente e uma outra lógica. Agora volta a correr em torno de mim um discurso onde tudo é certo, e complicado, e improvável. E lá, muito longe, a América, a América cheia de coisas sem palavras, de banalidades difíceis de dizer, a América que não sabe pensar no futuro, e no entanto carrega uma parte tão grande do futuro de todos, a América...

ESTA OBRA FOI COMPOSTA PELA SPRESS EM GARAMOND E IMPRESSA EM OFSETE
PELA GEOGRÁFICA SOBRE PAPEL PÓLEN SOFT DA SUZANO S.A.
PARA A EDITORA SCHWARCZ EM ABRIL DE 2023

A marca FSC® é a garantia de que a madeira utilizada na fabricação do papel deste livro provém de florestas que foram gerenciadas de maneira ambientalmente correta, socialmente justa e economicamente viável, além de outras fontes de origem controlada.